人生って、それに早く気づいた者勝ちなんだ！

L I F E

若いうちにはわからない、若いうちにしかできないこと

千田琢哉
SENDA TAKUYA

ぱる出版

「ホンモノの大人」には、
“締め切り”というものがある。
人生って、
そのことに早く気づいた者勝ちだ。

プロローグ

No. 01

人はどんなに勉強しても、必ず「もっと勉強しておけばよかった」と後悔する。

ある先輩のつぶやき

勉強すればするほど、わからないことが次から次に出てくる。キリがない。なんて人間の一生は短いんだろうあなたは勉強が好きだろうか。
勉強が好きな人も、勉強が嫌いな人も、
必ず将来後悔することがある。
「もっと勉強しておけばよかった」ということだ。

勉強が嫌いな人が後悔するのはわかるが、
勉強が好きな人が後悔するのはなぜだろう。
どんなに勉強しても、勉強には終わりがないからだ。
勉強すればするほど、
わからないことが次から次に出てくるから謙虚《けんきょ》になる。
どんなに鈍感な人でも、10年も打ち込んで勉強すればこんな事実に気づく。
「…これはキリがないな。人の一生は余りに短すぎる」ということに。
だから人は自分の専門分野を絞っていくのだ。

絞らざるを得ないのだ。
歳を取ると体力が衰えたり記憶力が衰えたりすると言われる。
それは衰えているのではなく、進化している証拠なのだ。

体力が**衰**えるのは、**余計**なことをしなくてもいいようにするためだ。
記憶力が**衰**えるのは、**余計**なことを**憶**《おぼ》えなくてもいいようにするためだ。

衰えるのは表面上の話で、
実際には自分の専門分野に集中できるように
全身が準備を整えてくれているのだ。
ここで大切なことは、専門分野に集中するためには若いうちに
猛烈に勉強しておく必要があるということだ。

猛烈に**勉強**したからこそ、**削**《そ》ぎ**落**とすことができるのだ。

そもそも勉強量が少なすぎて削ぎ落とすものがなければ、ただの空っぽ人間になってしまう。

ここでいう勉強とは、漢字ドリルや計算ドリルの話をしているのではない。森羅万象《しんらばんしょう》、あらゆる人間関係があなたの人生の教科書なのだ。

将来たくさん削ぎ落とすために、今のうちにたくさん勉強しておこう。

2013年8月吉日

南青山の書斎から　千田琢哉

No. 01

後戻りできない人生で
悔いを残さないために

勉強する

CONTENS

人生って、
それに早く気づいた者勝ちなんだ！

プロローグ

Chapter 1
たくさん凹もう。

Chapter 2
世の中の構造を知ろう。

Chapter 3 師に出逢おう。

Chapter 4 人間を知ろう。

Chapter 5 頭に投資しよう。

Chapter 6 技を磨こう。

Chapter 7 無駄なことをしよう。

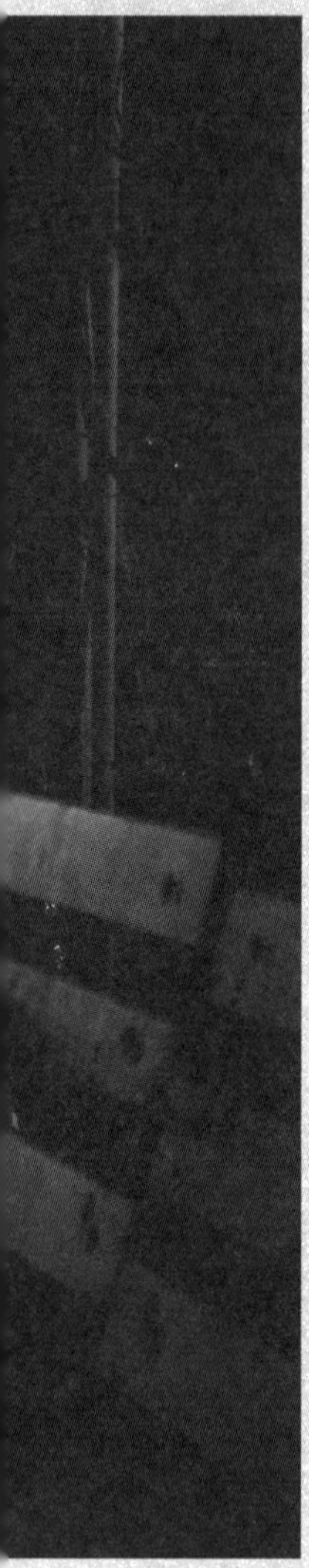

Chapter 1

たくさん凹もう。

どうせ負けるなら、
完膚なきまでに打ちのめされておこう。
仮にそれで進路変更することになったとしても、
未練がましさがない。
成功できない人と成功している人の一番の違いは、
自分の醜さを受容しているか否かだ。
人生って、それに早く気づいた者勝ちなんだ。

No.
02

全力を出し切ったのに、完膚《かんぷ》なきまでに打ちのめされる。

ある先輩のつぶやき

またしくじってしまった。やっぱり自分はダメ人間なんだ。
ずっと同じ失敗を繰り返したまま人生を終えるのだろうか

「失敗からは多くのことが学べる」とよく言われる。
ところが、ずっと同じ失敗を繰り返したまま人生を終える人は多い。
それでは気が萎《な》えてしまうし、
「自分はどうせダメ人間」という烙印《らくいん》を
自分自身で押してしまうから人生がつまらない。
失敗は〝これから〟の糧《かて》にしてこそ意味があるのであって、
失敗続きの人生ではただのダメ人間になってしまうだけだ。

失敗から学べるのは、全力を出し切った場合のみだ。

全力を出し切っていない失敗からは、得るものが少ない。
全力を出し切ったか否かの目利きは、とてもわかりやすい。
言い訳があるか否かだ。
全力を出し切った人間は、言い訳をしない。

なぜならできる準備はすべてした上で、本番に臨《のぞ》んでいるからだ。
それ以上はもう準備できなかったわけだから、
失敗した場合にはぐうの音も出ない。

全力を出し切っていない人間は、必ず言い訳する。

「体調がイマイチだった」

「運が悪かった」

「天気が悪かった」

と口から漏《も》れるのは、準備不足の典型だ。


言い訳がない人間を、必ず見る人は見ている。

「アイツは言い訳がない。きっと準備万端で臨んだはずだ。見所《みどころ》がある」

そうして目をかけてもらえるようになる。

応援団も次第に増えていく。

結果として人生が成功しやすい環境が整っていく。
勝負は必ず言い訳できないくらいに準備万端で臨もう。
どうせ負けるなら、完膚《かんぷ》なきまでに打ちのめされておこう。

仮にそれで**進路変更**することになったとしても、**未練**がましさがない。

進路変更して成功している人は多いが、
共通点はやるだけやったということだ。

No. 02

後戻りできない人生で
悔いを残さないために

全力を出し切る

No. 03

親友を失って、孤立無援を味わう。

ある先輩のつぶやき

一生の親友だと思っていたのに……、簡単に裏切られてしまった。
心を許しあう人なんて、もう二度とつくれない親友と喧嘩《けんか》別れした。
親友と死別した。
ある程度の年齢まで生きてくると、
誰しもそんな経験は一度ならずするものだ。
親友と思っていた人間と別れると、失恋同様に落ち込むものだ。
親友と恋人はとてもよく似ているような気がする。

同性で肉体関係のないかけがえのない相手を親友と呼び、
異性で肉体関係のあるかけがえのない相手を恋人と呼ぶ。

心の絆が切れてしまったのだから、しばらくは虚脱感《きょだつかん》に襲われるだろう。
だがそれは誰もが経験することだ。
大切なのはそこで悲壮感を漂わせたまま人生を終わらせないことだ。
落ち込む時は、とことん落ち込めばいい。

だがいつまでも落ち込み続けて、
関係ない人にまで暗い顔をしてはいけない。
それではこれからの出逢いを逃してしまい、
未来を殺すことになるからだ。

別れたということは、
換言《かんげん》すれば別れる前までの思い出はあるということだ。

思い出さえあれば、死ぬまでそれを反芻することができる。
それだけで出逢えてよかったのではないだろうか。
それだけで感謝する理由に十分なるのではないだろうか。
お互いの環境が違えば、食い違いが生じるのは避けられない事実だ。
この世に生まれた限り、死が訪れるのは避けられない事実だ。
私がもったいないと思うのは、

No. 03

後戻りできない人生で
悔いを残さないために

孤独に慣れる

誰にも避けられない事実から目を逸《そ》らして
自分に嘘《うそ》をつきながら生きることだ。
親友はいずれ失うものだ。
誰もが死ぬ瞬間は、独りぼっちだ。
人はもともとどうしようもなく孤独な生き物なのだ。
どうしようもなく孤独だからこそ、社会を構成して寂しさを紛《まぎ》らわす。
しかし孤独をきちんと生きなければ、人生を生きたことにはならない。
孤独をきちんと生きるということは、
まず、自分と親友になるということだ。

No.
04

結婚を考えていた相手に、ふられる。

ある先輩のつぶやき

永遠の愛を誓い合った人はずの人に裏切られた。この世に本当の愛情なんて存在するのだろうか。人が信じられなくなった

「婚約していた相手に、裏切られた」
「真剣に結婚を考えていたのに、捨てられた」

そんな経験をしたことがある人は、私の周囲でも一人や二人ではない。
ひょっとしたら読者自身もそんな経験をしたことがあるかもしれない。
あるいはあなたの身近にも何人かの経験者がいるかもしれない。
中には酷《ひど》く落ち込んで拒食症や過食症になったり、
お酒に溺《おぼ》れてしまったりする人もいるだろう。
いずれにせよ人生においてとても辛い経験なのは疑いない。
辛い時には、とことん落ち込むことだ。
落ち込み疲れたら、次の事実を思い出せばいい。

婚約していたのに裏切られたということは、
結婚しなくてラッキーだったということなのだ。

これは少し考えればすぐにわかるはずだ。
結婚前に裏切るということは、
間違って結婚でもしていたら裏切りの連続の人生に
生涯付き合わされることになる。
それこそ本当の地獄だとは思わないだろうか。
つまり裏切った相手には、
結婚前に裏切ってくれたことに対して感謝しなければならないくらいだ。

また信じていた人に裏切られる経験を通じてあなたは、
膨大な人生の教訓を得られるだろう。
外見を異様《いよう》に着飾っている饒舌《じょうぜつ》な人間や、
「ちょっとお金貸して」が口癖の人間は要注意人物だと気づかされるはずだ。
言っていることとやっていることの違う人間や、

他人の欠点探しばかりしている人間は
何も成《な》し遂《と》げられない人物だと気づかされるはずだ。

辛い経験には、
必ず次のステップで幸せを**掴**むための**教訓**が**詰**まっている。
それに気づいた人から、絶望を希望に変えていくことができる。
裏切られた経験は正面から受容すれば、必ず感謝できる時が到来するはずだ。

No. 04

後戻りできない人生で
悔いを残さないために

次があると知る

No. 05

大きな魚を逃して、ショックで寝込んでおく。

ある先輩のつぶやき

最後のビッグチャンスを逃してしまった。これ以上のチャンスは二度とお目にかかれないだろうな。私の人生おしまいだ

大きな商談を逃したり素敵な出逢いを逃したり、
人生には悔《く》やんでも悔やみ切れない経験がある。
「もうこんなチャンスは私の人生には二度とやってこないだろう」と
絶望的になる。
私にもそんな経験は数え切れないほどある。

逃した魚の大きさを悔やんで、ショックで寝込むくらいでちょうどいい。
寝るのに疲れたら、次の事実を思い出せばいい。

大きなチャンスを**逃**したということは、
それだけ**次**に**到来**するチャンスを**掴**む**握力**が**強**くなっているということだ。

悔しさの余りショックを受けた経験は、
チャンスを掴む握力の筋トレをしているようなものなのだ。

大きなチャンスを逃した経験をしていない人が
するりと逃してしまうところを、あなたはがっちりと掴むことができる。
だから大きな魚を逃す経験は人生において必須なのだ。

一番もったいないのは大きな魚を逃してふて腐《くさ》れることだ。
下手をするとふて腐れたまま人生を終える人がいるから笑い事ではない。

ふて腐れずにいると、必ずいいことが起こるのにもったいない話だ。
ふて腐れずにコツコツと努力を続けていると、

以前逃した大きな魚よりも遥かにスケールの大きな魚が迫ってくるのだ。
まるで神様が
「以前あの程度では気づいてくれなかったから、これならどうだ?」
と勝負を仕掛けてくるようなイメージだ。

だから神様にふて腐れている表情を見られてはいけない。
それでは神様との勝負に負けてしまう。

大きな魚を逃しても、ケロリとして
今まで通りの努力を積み重ねながら次の魚を待つくらいでいい。
その上で魚が姿を見せた瞬間、
前回の後悔を爆発させながら全身で飛びかかるのだ。

No. 05

後戻りできない人生で
悔いを残さないために

ふて腐れない

No.
06

理不尽な扱いを受けたら、それを糧にする。

ある先輩のつぶやき

なんて理不尽なんだろう。あいつが評価されるなんて、単なるラッキーなのに。それに比べ、なんて私に運がないんだろう学校でも会社でも納得のいかない扱いを受けることがあるだろう。
ひょっとしたら「自分の人生は理不尽なことだらけだ」と
不満に思っている人もいるかもしれない。
だが機嫌《きげん》のいい時でいいから、こんな事実を思い出してもらいたい。

冷静に思い出してみたら、
理不尽な扱いを受けた**数と過大評価**された**数**は
ちょうど**同**じくらいではないだろうか。

誰もが理不尽な扱いを受けた悔しさは記憶に鮮明に刻まれている。
だが過大評価されたりラッキーで壁をクリアしたりした感謝は、
記憶からすっかり消されてしまっているのだ。
本当は自分の責任なのに、
うまく立ち回っていたら完全犯罪的にするりと責任逃れができた。

本当はたいしたことをやったわけでもないのに、
勘違いに勘違いが重なって褒《ほ》められてしまった。
今のブランド企業に入ることができたのは、
本当はすべて親のコネのおかげだ。

以上のような恩恵は大なり小なりあなたも受けているだろう。
もし「私にはそんな経験がない」と言う人がいたら、それは傲慢《ごうまん》だ。
今こうして本書を手に取って読んでいられるということは、
それだけで恵まれた人に囲まれた環境で育った証拠だ。
虚心坦懐《きょしんたんかい》に過去を振り返れば、
必ず過大評価やラッキーに感謝できるはずだ。

あなたが**過大評価**されたりラッキーで**壁**をクリアしたりした時は、
周囲の人にとっては**理不尽**に**感**じられたということなのだ。

こうして人生というのはすべてのバランスを保たれている。

理不尽な扱いを受けてキレそうになったら、
「自分もこんな思いを誰かにさせてきたかもしれない」と考えるのだ。
そして「でも自分はこれから他人に
こんな悲しい思いをさせるのだけはやめておこう」
と考えが繋げられるようになる。
理不尽な扱いを受けたら、それを糧にして実力をつけることだ。

No. 06

後戻りできない人生で
悔いを残さないために

せめて他人を
理不尽に扱わない

No. 07

リーダーシップで悩むのは、部下の時にサボったから。

ある先輩のつぶやき

今どきの新人は言うこと聞かない。ハッキリ言ってお荷物。こんな後輩を指導するなんて土台ムリ!

リーダーになった途端《とたん》、急に悩む人がいる。

最近は「リーダーになりたくないから出世したくない」と真顔で言うサラリーマンも増えてきた。

そうはいっても、組織としては
リーダーになってもらわなければお荷物になる。

年を食った給料の高い平社員は要《い》らないのだ。

組織を生成発展《せいせいはってん》させていくためには、
自分が教わった分を後輩に教えていくのが自然の摂理《せつり》に則《のっと》っている。

新米で赤字社員だった頃には、直接上司に恩返しなどできるはずがない。
では誰に恩返しするかといえば、
昔のあなたと同じ新米の赤字社員を育成することによって恩返しするのだ。

後輩を育成できなければ、自分も成長できない。
後輩に教えることによって、
後輩の質問に答えられない自分がいるのに気づかされる。
「あれ？　自分も実はわかっていなかったのだな」と赤面する。
知らない相手に教えることができなければ、本当に理解したとはいえない。

後輩を育成する際にぶつかる壁というのは、
自分が部下の時代にサボってきたことそのものなのだ。

部下の時代に「納得できません」と上司に言い続けて困らせてきた人は、
同じことを後輩にやられるだろう。
そこで初めて「納得できません」と言われると
目上の人はどんな気持ちになるのかが理解できるようになる。

人を納得させようと思ったら、
まずは自分が納得できていなければお話にならない。
自分が納得できていないことを相手に納得させることは不可能だからだ。
納得とは相手にさせてもらうものではなく、自力でするものだ。
部下の時代に自力で納得する努力をしてきた人は、
上司になってからも部下を納得させることができる。

No. 07

後戻りできない人生で
悔いを残さないために

自力で納得する努力をする

No. 08

自分の醜《みにく》さを、慈《いつく》しむ。

ある先輩のつぶやき

私って頭も悪いし不器用だし、どうして短所だらけなんだろう。
人生、お先真っ暗だ

孤独と向き合った際に、ありのままの自分と向き合うことができる。
ありのままの自分とは、長所も短所も含めたすべての自分だ。
イケている自分だけが好きだという人は、
自分と向き合えていない。
イケてない自分もきちんと認めてあげている人は、
自分と向き合えている。

これまで様々な偉人伝を貪り読んできた結果、明らかになった事実がある。

偉人たちは**強烈**な**短所**をたくさん**持**っていたということだ。

これは私がこれまで出逢ってきた成功者たちとまさに同じだ。
成功者たちは全員頭脳明晰《めいせき》で何でも器用にそつなくこなしていく
と思われがちだが、決してそんなことはない。

概して平均的な人よりもかなり不器用で、
中にはどん臭いと言っても過言ではない人もいた。

成功できない人と成功している人の一番の違いは、自分の醜《みにく》さを受容しているか否かだ。


成功者たちは、自分はたいして頭がよくないことや筋金入りの不器用であることをよく知っていた。

よく知った上で自分と付き合っていた。

自分の欠点を直視しているというのは、それだけで素晴らしい才能なのだ。

欠点を熟知していれば、その分野で勝負してはならないことがわかる。

そもそも自分は不器用なのだから、欠点を矯正《きょうせい》して人並になる時間など残されていないのだ。

そしてごく限られたなけなしの長所で勝負して、周囲を圧倒する。
だから成功しているのだ。
成功できない人は、自分の欠点を隠蔽《いんぺい》しようと必死になって生涯を終える。
欠点があれば大変だと感じて、直ちに人並になるように努力する。
その結果、〝何でもそこそこ〟の状態で成功者たちに便利屋としてこき使われる。
成功するということは、自分の醜い部分も慈《いつく》しむということなのだ。
「欠点があったおかげで成功できた」と感謝できる日が必ずやってくる。

No.08

後戻りできない人生で悔いを残さないために

自分の欠点を受容する

Chapter 2

世の中の構造を知ろう。

ずっと幸せな人と、ずっと不幸な人がいる。
世の中、不公平で理不尽で、
神様はえこひいきだと恨んでしまう。
しかし、世の中はとても理に適っており、すこぶる公平だ。
今あなたに起こっていることは、
生まれてから今までの集大成の結果なのだから。
人生って、それに早く気づいた者勝ちなんだ。

No. 09

今起こったことは、生まれてから今までの集大成。

ある先輩のつぶやき

何をやっても私はうまくいかない。生まれてから今まで、ずーっと不幸。不幸のまま人生は終わってしまうのだろうかあなたは今、幸せだろうか。
ひょっとして不幸だろうか。
人生には幸せな時期もあれば、不幸な時期もある。
否、人生どころか1日のうちでも
幸せな時間帯とそうでない時間帯に分かれるだろう。
周囲を見渡してみよう。

本来幸せと不幸は順番にやってくるはずなのに、
ずっと幸せな人と、ずっと不幸な人がいないだろうか。

ずっと幸せな人は、何をやっていても幸せそうな顔をしている。
実際に幸せなのだから。
ずっと不幸な人は、何をやっていても不幸そうな顔をしている。
実際に不幸なのだから。

これを見てあなたは「世の中不公平だ」とは感じないだろうか。
世の中は不公平ではないのだ。

世の中はとても理に適《かな》っており、すこぶる公平なのだ。

あなたに今起こったことは、
あなたが生まれてから今までの集大成なのだ。

今幸せな人は、生まれてから今までの集大成の結果なのだ。
今不幸な人は、生まれてから今までの集大成の結果なのだ。

今不幸続きだという人は、
今から幸せの種を蒔《ま》いておかなければ一生不幸のまま人生が終わっていく。
今幸せだという人は、

傲慢になって不幸せの種を蒔かないようにしなければ
ある瞬間から不幸に突入する。
この先スーパーコンピューターが進化し続ければ、
この世の中の構造はきっと解明されるだろう。
だがスーパーコンピューターによる解明をじっと待つなんてナンセンスだ。
周囲を見渡していれば、一目瞭然《いちもくりょうぜん》なのだから。

No. 09

後戻りできない人生で
悔いを残さないために

今から幸せの種を蒔いておく

No. 10

堅いものは、柔らかいものに必ず負ける。

ある先輩のつぶやき

失敗する度に反省して、次は慎重に堅実にと挑むんだけど、
やっぱり失敗するんだ。どうしてだろう？

強いというと、堅いものをイメージする人が多い。
堅いものは強く見えるだけで、実は壊れやすい。
人は緊張すると全身がカチコチになってくるが、
これは怯《おび》えている証拠だ。
弱い人ほど肩をいからせて歩いているのは、
自分が世間を怖がっているからだ。

本当に強い人は必ずリラックスしている。

リラックスしているということは、柔らかいということだ。
スポーツ選手が筋トレをする前には、柔軟体操にじっくり時間をかける。
柔軟体操をどれだけ入念にやるかで、筋トレの質が変わってくる。
柔軟体操を疎かにしたまま筋トレをいくらやっても、
効果がないどころか怪我《けが》の原因になるのだ。

筋肉だけではない。
頭脳も同じだ。
頭がいいというのは、発想が柔軟だということだ。
発想が柔軟だと、周囲の協力を得やすい。
周囲の知恵を集めることができれば、
たいていのことはうまく進む。

頭が悪いというのは、頭が固いということだ。
頭が固いと、周囲の協力を得られない。
周囲の知恵を集めることができなければ、たいていのことは失敗する。
失敗を重ねるたびに頭の固い人は、ますます頑固《がんこ》になっていく。
人生そのものが負のスパイラルに突入してしまうのだ。
建築物の耐震性も同じだ。
微動《びどう》だにしないビルよりも、

揺れに応じて小刻みに一緒に揺れるビルのほうが強い。
最新の高層ビルはどれも地震のたびに
リズミカルに揺れるようになっている。
翻《ひるがえ》って、あなたはどうだろうか。

堅いものが**強**いと思い**込**んでいた**人**は、
この**機会**にその**偏見**を**捨**ててみよう。

それだけでも少し柔らかくなれる。

No. 10

後戻りできない人生で
悔いを残さないために

柔らかい頭を持つ

No. 11

群れると、貧しくなる。

ある先輩のつぶやき

あいつらにつき合うとついつい使い込んじゃうんだよな。
貯金もないし、狭いアパートは不要なものだらけだし……

あなたの部屋はスッキリしているだろうか。
例え六畳一間のアパートに住んでいるような学生でも、
スッキリしている人はスッキリしている。
一戸建ての新築に住んでいるようないい会社に勤めるサラリーマンでも、
グチャグチャしている人はグチャグチャしている。
スッキリしている人とグチャグチャな人の決定的な違いは、
収納能力ではない。

スッキリしている**人**は**物**が**少**なく、
グチャグチャしている**人**は**物**が**多**いのだ。

物が少ない人はいずれお金持ちになる。
むやみに物を買わないという金銭感覚がしっかりしていることと、
部屋に余計な物がないから洗練された人脈がその場に集うようになるからだ。

その証拠にお金持ちはどんなに大豪邸に住んでいようとも、物が少ない。
本当に気に入った上質な物しか揃えないことによって、
結果としてお金持ちになったのだ。
もちろん周囲の人脈もすべて同様にお金持ちだからますます栄えていく。

反対に物が多い人はいずれ貧乏になる。
何でもかんでも買ってしまう金銭感覚のなさと、
部屋が余計なものだらけでも気にならないダサい人脈が
その場に集うようになるからだ。
その証拠に貧乏な人はどんなに小さなアパートに住んでいようとも、
物が多い。
たいして欲しくもないのに、ただ安いからという理由だけで
衝動《しょうどう》買いし続けた結果として貧乏になったのだ。
もちろん周囲の人脈もすべて同様に貧乏だからますます衰退していく。

物だけの話をしているのではない。
人も群がっていると貧しくなっていく。
四六時中群がっている人たちをよく観察してもらいたい。
お金持ちは一人もいないはずだ。
お金持ちは悠然《ゆうぜん》と孤高《ここう》を保っている。

孤高《ここう》同士がたまにタッグを**組む**と、
途轍《とてつ》もない**成果**を挙げることができる。

No. 11

後戻りできない人生で
悔いを残さないために

群れない

No. 12

運不運は、属しているグループで決まる。

ある先輩のつぶやき

陰口ってヘンな人を引き寄せる。どんどん増えていって、終いには悪口合戦になる。正直、いい気持ちはしない

「あの人は運がいいな。それに比べて自分は…」

と感じたことはないだろうか。

運不運は確実に存在する。

誰もが薄々《うすうす》感じていることだ。


運のいい人たちをよく観察してみよう。

必ず運のいい人たちと付き合っているはずだ。

運の悪い人たちをよく観察してみよう。

必ず運の悪い人たちと付き合っているはずだ。

運不運は自分が属しているグループで決まるのであって、
自分一人だけで決まるものではないのだ。

ただし、こうは言える。

例えば運の悪いグループに属しているメンバーの一人が、

運のいいグループに紛れ込むとお互いに強い違和感を抱く。
明らかに異臭を放つ存在になるのだ。
ちょうどパチンコ店や雀荘に入り浸って
体中がタバコの煙の匂いにまみれて帰宅すると、
家にいた子どもたちから「臭い！」と言われるようなものだ。

普段属しているグループで人はすべての価値観が定められていく。
属しているグループの言葉のシャワーを浴び続けていると、
グループ内の常識を正解と思い込むようになる。

運のいい人には、運のいい人の正解がある。
運の悪い人には、運の悪い人の正解がある。

どちらの人生を歩みたいかは、１００％あなたの自由だ。

不思議なことに運の悪いグループのほうが、
いつの時代も人気があるようだ。
それだけ運の悪いグループも魅力的なのかもしれない。

運の悪いグループはとてもわかりやすい。
いつも群がってその場にいない誰かの陰口を言っているからだ。
陰口は相当楽しいらしく、どんどんグループのメンバーが増えていく。
あなたの属しているグループはどちらのグループだろうか。

No.12

後戻りできない人生で
悔いを残さないために

つきあう人を選ぶ

No. 13

追い出した人は不幸になり、追い出された人が幸せになる。

ある先輩のつぶやき

学歴が低いからと侮って相手にしなかったけど、
仕事の実績じゃ正直言って、あいつに敵わないんだよな世の中はつくづく面白いと思わせる法則がある。
誰かを追い出した側の人間はその後不幸になり、
誰かに追い出された人間はその後成功して幸せになっているということだ。

あなたの周囲を思い浮かべてみよう。
理不尽な理由で家を追い出された人は、
その後幸せになってはいないだろうか。
追い出された直後は精神的に参ってしまい、
一時的には不幸に見えたかもしれない。
だがその後息を吹き返して人との出逢いに恵まれ、
確実に幸せを享受している。
むしろ「追い出してもらってありがとう」
とお礼を言いたくなるくらいに。

反対に追い出した側の人間は、
追い出した直後は勝ち誇っていたように見えるかもしれない。
だがその後運気が急降下して、トラブル続きで人も寄りつかず、
お金も出ていくばかりだ。
しかも自分が追い出した相手が幸せになっていると噂を聞いて、
自分の惨めさをますます強く認識させられることになる。

追い出された人間と追い出した人間が久しぶりに街で顔を合わせても、
もはや勝負は明白で張り合う気も起こらない。
家の問題だけではない。
会社でも追い出した人間と追い出された人間は、
その理由が理不尽であればあるほどに追い出した人間が落ちぶれ、
追い出された人間が成功している。

もしあなたが理不尽な理由で追い出された側であれば、大丈夫だ。
諦めさえしなければ、必ず道は開けるだろう。
もしあなたが理不尽な理由で誰かを追い出した側であれば、要注意だ。
間違いなく相手は頭角《とうかく》を現しあなたは下り坂になるから、
早めに謝っておくことだ。

私にいちいち指摘されるまでもなく、
自分が誰かを理不尽な理由で追い出した人ならこの真意がよくわかるだろう。

No. 13

後戻りできない人生で
悔いを残さないために

人を追い込まない

No. 14

運気を上げたければ、両手に荷物を持たないこと。

ある先輩のつぶやき

左手にカバン、右手にスマホ。雨が降りそうだけど、カバンの中の傘も取り出せないよ今すぐ運気を上げたければ、両手に荷物を持つのをやめることだ。
荷物の多い人は、運の悪い人だ。
荷物が多いとそれだけでトラブルが増える。
パンパンに詰め込んだリュックで電車に乗り込むと、
周囲に迷惑がられる。
見た目も不快でイライラされやすい。

出張中の相手に「荷物になりますが…」とお土産を手渡す鈍い人がいる。
本当に荷物になって迷惑な上に、
相手の運気を下げる行為だと気づくことだ。
出張中の人にとって何が迷惑かといって、
荷物を増やされることほどの迷惑はない。
出張中はただでさえ疲れる。
出張慣れしている人は少しでも荷物を少なくしようと工夫をしているのであっ

て、お土産を持ち帰るために手を空けているわけではないのだ。

荷物が増えたことによって精神的にイライラしてしまえば、出張中の商談もいい結果を招くとは思えない。

翻って、あなたはどうだろうか。

両手で荷物を持ち歩いてはいないだろうか。

両手を塞《ふさ》ぐということは、
もう何も受け取ることができないということだ。
いざとなった時に、**一歩踏み出せない、**
一歩踏み出すのに時間がかかるということなのだ。
いざとなった時に、**自分の身を守れないという極めて無防備な姿でもある。**
あなたにそんな無様《ぶざま》な姿になってもらいたくないのはもちろんのこと、
他の誰にも〝両手荷物〟を強要してもらいたくない。

できれば出張の際の大きな荷物は、自腹でも送ったほうがいい。
自動車なら別だが列車や飛行機の旅行であれば、
荷物は別便で先に送ってしまうことだ。
そうすれば余計な気も体力も使わなくて済むし、時間の節約にもなる。
あなたも清々《すがすが》しい笑顔になるから、人にも好かれるというわけだ。

No. 14

後戻りできない人生で
悔いを残さないために

抱え込まない

No.
15

認められたがる人は、
認めてあげる人に使われる。

ある先輩のつぶやき

優秀な人たちがあの人のもとに集まってしまうのって、
不思議だ。そんなに優秀でもない人なのにどこが違うんだろう

1％の成功者と99％の凡人の違いを生み出す決定打をお伝えしよう。
まず99％の凡人の特徴は、認められたがり屋さんだということだ。

24時間365日ずっと脳みそに微電流を走らせながら、
自分が認められることを考えている。

認められることが人生の目的になっている。
サラリーマンの場合だと、出世や昇給がその典型だ。
係長が課長に、課長が次長に、
次長が部長に…と最終ゴールの社長を目指してひたすら認められたがる。
給料もわずか数万円上がるだけで、評価されたと感じて狂喜する。
認められるということは、それだけ凡人の心を満たすことなのだ。
認められるためになら、きっと凡人はどんなことだってするのだろう。

それに対して1％の成功者の特徴は、認めてあげる人だということだ。

1％の成功者は99％の凡人たちを認めてあげることによって、
見事にコントロールしている。

「すごいじゃないか！」

「やるね！」

「優秀だね！」

と声をかけるだけで、凡人はどんどん自分の思うように働いてくれる。

すでにお気づきのように、
成功者よりもむしろ凡人のほうが優秀で器用だったりするものだ。

皮肉なことに優秀で器用な人たちは、なぜか認められたいという願望が強い。

成功者は自分がさほど優秀でもなく、器用でもないことを熟知している。

成功者たちは凡人たちに支えてもらうしか生きる道がないのだ。
だから優秀で器用な凡人たちを認めることによって感謝していたのだが、
結果として他の認められたがり屋さんも
どんどん自分のもとに集まってきてしまったのだ。
ふと気がついたら、自分が神輿《みこし》に担がれていたというのが成功の実態なのだ。
あなたは認められたがり屋さんだろうか、
それとも認める側の人間だろうか。
どちらでも好きなコースを自由に選べばいい。

No. 15

後戻りできない人生で
悔いを残さないために

人を認める

Chapter 3

師に出逢おう。

厳しいことを言われているのに、
なぜか素直になってしまう相手がいるだろう。
それがあなたの師匠だ。
尊敬するに足る人を一人でも二人でも多く持てると
いうことは、人生において何よりも生きる力になる。
人生って、それに早く気づいた者勝ちなんだ。

No. 16

なぜかこの人の前では素直になってしまう
という相手が、師匠。

ある先輩のつぶやき

あの師匠に出会えたなんてラッキーだった。師事する相手に
よって見られる世界が変わるんだと思う

「会う人みんな我が師」とは、反論の余地のない正論だ。

「出逢う人すべてから貪欲《どんよく》に学んで、人生を有意義なものにしましょう」

とはまさにその通りであり、私もぜひ見習いたいと思う。

ここでは特定の
「この人について行こう！」

「この人に賭けてみよう！」

という師弟関係にあるような師匠について考察したい。

いわば抽象的であやふやな師匠ではなく、
具体的でハッキリした運命の師匠について述べていきたい。

運命の師匠との出逢いは一瞬でわかる。
厳しいことを言われているのに、
なぜか素直になってしまう相手がいるだろう。
それがあなたの師匠だ。

勘違いしてはいけないのは、
甘やかしてくれる人が師匠ではないということだ。

師匠は本音でズバズバ欠点を指摘してくることもある。
叱られて落ち込んでいるのにさらに追い打ちをかけてくることもある。
一人前になるまでは、滅多に褒《ほ》めてくれることもないだろう。
にもかかわらずなぜか嫌いになれない相手は、
それがあなたにとって運命の人だからだ。
もちろん師匠にもそれは伝わっている。
「あ、コイツは運命の弟子だな」
と直感している。
お互いに口には出さずとも、運命の師弟関係であることがわかるのだ。
学校の先生の中にも、やけに素直になれる人がいなかっただろうか。

会社の先輩の中にも、
理由はなぜかわからないが素直になれる人がいなかっただろうか。
周囲でなぜかその人の前だけでは素直になってしまう人がいたら、
それが運命の師匠なのだ。

「厳しい人にしがみついて行こう！」

というのは、

「厳しいことを言われても、素直になれる人にしがみついて行こう」

ということなのだ。

No. 16

後戻りできない人生で
悔いを残さないために

運命の師匠を信じる

No.
17

言葉ではなく、心で先読みする。

ある先輩のつぶやき

宮大工の棟梁《とうりょう》は、私に鉋《かんな》クズを見せて〝こうやるんだ〟とひと言で教えてくれた。それだけだった師匠はその道に生涯をかけてきた人だ。
だから言葉よりも行動が先に出てしまうことがある。
口では「もっと力強く」と言っても、本当に力強くとは限らない。
口では「もっとやさしく」と言っても、本当にやさしくとは限らない。
第三者から見たら、この区別はまったくわからない。
だが心の通じ合った師匠と弟子の間では
完璧なコミュニケーションが取れているのだ。
師匠の「もっと力強く」というのは、
「肩の力を抜いてもっと自由にのびのびと」
という意味だと心で感じていく。
師匠の「もっとやさしく」というのは、
「力強く守ってあげなさい」という意味だと心で感じていく。

なぜこんなに飛躍した解釈が可能になるかといえば、

普段から師匠の本意を先読みするように心掛けているからだ。

師匠の本意を先読みしたければ、
発した言葉と行動をきちんと観察しておけばいい。

「師匠が黒と言うのは、白のことなのだ」

「師匠が右と言うのは、左のことなのだ」

それは言葉と行動のズレを
きちんと把握しておけば必ずわかるようになる。

どんな人間でも、言葉と行動には微妙なズレがある。

その微妙なズレこそが、人の個性であり魅力なのだ。

ズレを指摘するのではなく、
ズレをそのまま飲み込んでいくのだ。

周囲から見たら「ムチャクチャな先生だな」

と噂されてしまう師匠でも、弟子が超一流ということがある。
それは師匠のズレを包み込んだからこそ、
超一流になれたということなのだ。
究極は言葉を交わさずに心でコミュニケーションを取れるようになる。
最初と最後の挨拶だけで深い会話をしている。

恋人と**同**じで、
ぺちゃくちゃ**騒**《さわ》いでいるうちは**心**がまだ**繋**がっていないのだ。

No. 17

後戻りできない人生で
悔いを残さないために

言葉と行動のズレを包み込む

No.
18

師匠が見ているのは、取りかかるスピード。

ある先輩のつぶやき

みんなと同じようなことを考えて、同じようにやっていたから、
同じようなモノしかできないことを理解した

師匠が大勢の弟子たちを見ていて一番目立つことは何だろうか。
才能の有無や声の大きさではなく、
指示された課題に取りかかるスピードだ。
取りかかるスピードは目に見えるだけに、
見事に序列がつけられる。
弟子が100人いたら、1番から100番まで完璧に把握できる。
否《いな》、正確には1番だけが突出して目立ち、
2番から100番はどれも似たり寄ったりだ。

1番だけが記憶に残り、2番以下は記憶に残らない。

うだうだ言って取りかかるのに時間がかかる弟子は要注意だ。
行動を起こす勇気がない臆病者だからといって、
ねちっこく質問をしていてはいけない。

とりあえずやってみて初めて理解できるのだ。
30点の理解ですぐに行動して失敗すれば
一瞬で80点の理解へと深まるのに、
30点の理解を60点の理解にしようと
師匠にしがみついて質問を繰り返していたら日が暮れてしまう。
30点の理解を60点にした頃には、すぐに動いた弟子たちは
とっくに100点を獲得して次のステップに進んでいる。

笑い事ではなく、これが優等生と落ちこぼれを分けていく縮図なのだ。
取りかかるのが遅い弟子は、応援しようにも応援できない。
自分から動きだ出さない人間を無理に持ち上げて、
バンジージャンプを飛ばせるわけにはいかないのだ。
それに対してきちんと説明を聞かないうちから走り出して、
姿が見えなくなっているような弟子は応援し甲斐《がい》がある。

「**ちゃんと最後まで話を聞かなければダメじゃないか！**」

と**叱りながら師匠は喜んでいる。**

実際に前者はもともと頭がいいのに、ドロップアウトしていくことが多い。

後者はもともと不器用なのに、出世していくことが多い。

取りかかるスピードこそが、最大の才能なのだ。

No. 18

後戻りできない人生で
悔いを残さないために

早く動き出す

No. 19

嫌われたら、おしまい。

ある先輩のつぶやき

仕事に好き嫌いを持ち込むのはよくないと思うけど、
結局、嫌いな人と仕事してもうまくいかないんだ師弟関係の弟子にとって一番致命的なのは、師匠に嫌われることだ。

師匠に嫌われたら、師匠を変える覚悟を持ったほうがいいくらいだ。


好き嫌いは論理的ではなく感情の問題だ。

好きになった理由を論理的に説明できないように、
嫌いになった理由も論理的には説明できない。

長所：短所＝51：49だから好きになるわけでもなければ、
長所：短所＝49：51だから嫌いになるというわけでもない。

「何となく好き」

「何となく嫌い」

「気がついたら惚《ほ》れていた」

「気がついたら冷めていた」

というのが、好き嫌いの本当の理由なのだ。

あなたも上司になればわかることだが、
確実に好きな部下と嫌いな部下ができるようになる。
部下が上司の好き嫌いを安居酒屋で熱く語っているように、
上司の心の中でも部下の好き嫌いが明確に存在している。
嫌いな部下を好きになることはできない。
仕事に好き嫌いの感情を持ち込むのはよくないというのはあくまでも建前で、
本当は仕事というのは好き嫌いでするものなのだ。
嫌いな相手と仕事を成功させても、
また一緒に仕事したいとは思わない。
だが好きな相手と仕事に失敗しても、
もう一度一緒に仕事したいと思う。
師弟関係もこれと同じだ。
弟子はどんなに欠点だらけでも、
師匠に嫌われていない限り師弟関係は続く。

だがどんなに卑屈《ひくつ》に媚《こ》びても、師匠に嫌われたら未来はない。

これまで数多くの師弟関係を見てきたが、

「この師弟関係から何か生み出されることはないだろう」

「この師弟関係はお互いのためになっていないな」

と感じることも多かった。


自分に心当たりがないのに師匠に嫌われているようなら、黙って去ることをおススメする。

師匠に溺愛《できあい》される必要はないが、少なくとも嫌われてはいけないのだ。

No. 19

後戻りできない人生で
悔いを残さないために

嫌われたら去る

No. 20

師匠の欠点で、ウジウジ悩まない。

ある先輩のつぶやき

いくら尊敬できる師匠でも、からみ酒だけはいただけないね。
でもなぜか憎めないんだよな

「欠点があるから師匠を尊敬できない」と言う人がいる。
それは欠点があるから師匠を尊敬できないのではなく、
もともと師匠を尊敬などしていなかったのだ。
欠点がないから惚《ほ》れるのは、単なる憧れに過ぎない。
テレビのアイドルやタレントを追いかけているのと同じだ。

欠点はたくさんあるけれども、
それでもどうしても惹《ひ》かれてしまうのが**尊敬**しているということなのだ。

だから師匠の欠点でウジウジ悩むのは時間の無駄なのだ。
師匠の欠点探しをしているくらいなら、
さっさと別の師匠を見つけるほうがいいだろう。

そもそも**師匠**というのは、

一点に時間を費やしてきたために非常識な人が多い。

これまで私が出逢ってきた師匠たちも、
欠点だけ並べたらとんでもない人たちになってしまう。

・アルコール依存症で、
　会社のデスクにウイスキーのボトルが常備されていた。
・遅刻の常習犯で、時間通りに集合場所に現れることはまずない。
・1回の電話で最低2時間通話（最高記録はノンストップで14時間！）。

いかがだろうか。
ここで挙げたのは、ほんの一例に過ぎない。
きちんと取り上げたら、そのまま1冊の本に仕上げられる。
普段私が「あり得ない」

と主張していることがすべて網羅《もうら》されている。
別に師匠の欠点を反面教師にしていたわけでもない。
欠点が気にならないくらいに長所を尊敬していたのだ。
もちろん周囲は師匠の欠点で離れて行く弟子が多かった。
否、最終的には私以外は全員離れて行った。
離れて行った弟子たちは、師匠を欠点で評価していた。
残った私は、師匠を長所で評価していた。
屁理屈《へりくつ》で無理に評価していたのではなく、
本能が勝手に評価していたのだ。

No.
21

落ちこぼれ集団と群れて
師匠の陰口を言った時点で、退学。

ある先輩のつぶやき

本人がその場にいたらとても言えないことを本人のいない場所で言ったら、・・・すべてお見通しだった弟子の中には二通り存在する。
優秀な弟子と優秀でない弟子ではない。
師匠の陰口を言う弟子とそれ以外の弟子だ。
師匠の陰口を言う弟子はとても多い。

陰口の基準は、本人がその場にいたらとても言えないことを本人のいない場所で言うことだ。

そう考えると弟子の大半が師匠の陰口を言っていることになる。
師匠の陰口を言い合っていると、必ずそれは落ちこぼれ集団になる。
陰口を言い合っているうちに師匠がたいした人間ではないと思い始め、
師匠を敬わなくなる。
敬《うやま》っていない相手の教えなど吸収できるはずがない。
また群がって陰口を言い合っているうちに、

口からエネルギーをすべて発散してしまうから行動力が鈍る。
せっかくの教えも吸収できず行動力もないとなれば、
ますます落ちこぼれていくしか道は残されていない。
落ちこぼれるからますます群がる。
群がるからますます落ちこぼれる。
負のスパイラルに突入していくのだ。

一番いいのは落ちこぼれ集団からイチ抜けることだ。

「何だ、最近付き合いが悪いじゃないか」

「自分だけいい子ぶりやがって」

と言われるだろうが、一切気にする必要はない。

もちろん師匠はすべてお見通しだ。

あなたは出世して、落ちこぼれ集団は根こそぎクビになる。

落ちこぼれ集団から抜け出す勇気がないのであれば、
自ら退学することだ。
落ちこぼれ集団というぬるま湯に浸《つ》かっている限り、
修行の意味がない。
それならいっそのこと、修行など何もしないほうがいいくらいだ。

あなたが一人前と認められた時、
師匠と美酒を味わうのは至福の瞬間だ。

No. 21

後戻りできない人生で
悔いを残さないために

師匠の陰口だけは言わない

No. 22

出逢いの本当の意味は、別れてからしかわからない。

ある先輩のつぶやき

今ごろになって初めてその人のすごさがわかってきた。せめて亡くなる前に感謝を伝えておきたかった師匠とはいずれ別れることになる。
あなたが師匠から卒業して別れることもあれば、
死別することもある。

別れはすべての出逢いに共通することだ。

この時に初めて気づかされることがある。
別れてから初めて師匠の偉大さが理解できるということだ。
師匠を身近に感じていた時には、
学びがまだまだ浅かったと反省させられる。
自分は何もわかっていなかったのだと赤面する。
人間の記憶というのはすごい。
何かの拍子に、自分にとって必要なシーンがフラッシュバックする。
私の場合は執筆中にそれが頻繁《ひんぱん》に起こる。

「こんな時、師匠ならどうやって表現するだろうか」
「師匠にこの文章を読んでもらったら、笑われはしないだろうか」
そんな風にイメージしながら執筆していると、
過去の記憶の引き出しが開いて
「なるほど！」と唸《うな》るようなヒントをもらえる。
また書斎で考え事をしていると、独り言が増えてくる。
一人で会議を開催しているイメージだ。
自分の中にボケとツッコミが同居している。
この時にツッコミ役を演じているのが、傍にいるはずのない師匠なのだ。
正確には師匠の記憶が、亡霊となってツッコミを入れてくれる。
驚くべきことに孤独の時間というのは、
昔師匠に教わった内容の真意が
「あれはこういうことだったのか！」
と気づかされることのオンパレードだ。

当時は納得できていなくても、とりあえずやってみた。
当時は師匠が絶対に間違っていると思っていても、とりあえずやってみた。

今となっては〝とりあえず〟やってみて
本当によかったと**心底感謝**している。

師匠の言っていた真意の一部が、生きている間に気づけてよかった。
師匠との出逢いの意味が、生きている間に気づけてよかった。
皮肉なことに、出逢いの本当の意味はいつも別れてから気づかされるのだ。

No.22

後戻りできない人生で
悔いを残さないために

とりあえずやってみる

Chapter 4

人間を知ろう。

怒鳴り散らして威嚇する人は、
本気で戦う勇気がない人だ。
「所詮お金なんて」が口癖の人は、
お金が欲しくてたまらない人。
他人を見ていてイラッとくるのは、
自分自身に酷似しているから。
人とうまくつきあうには、
人間をよく観察するのが一番だ。

人生って、それに早く気づいた者勝ちなんだ。

No. 23

男は強さを探求し、女は愛を探求する。

ある先輩のつぶやき

初対面の取引先の人に自分の年収のことを話したら、急に不機嫌になって、商談がダメになった幼少の頃は建前ではなく、ありのままの本音で生きているものだ。
幼少の子どもの会話をよく観察していると、こんな事実に気づかされる。
男の子は「どちらが強いか」「どちらが大きいか」
といった話題が中心なのに対して、
女の子は「どちらがかわいいか」「どの男の子が好きか」
といった話題が中心となっている。
これは大人になっても変わらないのではないだろうか。
男は「権力」「年収」を競い合うのに対して、
女は「お洒落《しゃれ》」「愛」を競い合う。
初対面でこれらの話題に触れるのがタブーになっているのも、
それが本質だからである。

男同士が名刺交換で真っ先にチェックするのが、
相手の属する会社のブランドと相手の役職だ。

どちらが男として格上なのかを瞬時に判断しているのだ。

その結果、相手が明らかに格上の場合には即卑屈《ひくつ》モードに変身する。

会社のブランドと役職のいずれか一方が勝《まさ》っていて、もう片方が負けていたらそこに微妙な空気が漂う。

これが男社会の実態だ。


女性同士が通りすがりで真っ先にチェックするのが、相手の服装のセンスと（顔を含めた容姿全体の）プロポーションだ。


どちらが女としてのセンスが研《と》ぎ澄まされていて、どれだけいい男と恋愛しているかを瞬時に判断しているのだ。

その結果、相手が明らかに格上の場合には自分が見劣りするので近づかないようにする。

服装のセンスとプロポーションのいずれか一方が勝《まさ》っていて、もう片方が負けていたらそこに微妙な空気が漂う。

これが女社会の実態だ。

予《あらかじ》めこれを踏まえておけば、ビジネスでもプライベートでも役立つだろう。

No. 23

後戻りできない人生で
悔いを残さないために

男女の本質を学ぶ

No. 24

威嚇する人は、根性無し。

ある先輩のつぶやき

つい怒鳴り散らしてしまうのは、本当は負けるのが怖いから
だけなんだと思う

男女ともに都合が悪くなると怒鳴《どな》り散らす人がいる。
怒鳴り散らす人の本質を押さえておけば、
何ら恐れる必要はないことに気づかされるだろう。

怒鳴り散らして威嚇《いかく》している人は、
もともと本気で戦う勇気がないのだ。

戦ったら負けるのが怖いから、
威嚇することで勘弁してもらおうとしているのだ。
怒鳴っている人の心の中は、
「自分は弱いから戦う勇気がないけれど、
こんなにがんばって威嚇しているのだから顔を立てて
ここで手を打ってくれない？」
ということなのだ。

街でチンピラが怒鳴り散らしているのは、
怒鳴り散らしている段階で顔を立てて謝って欲しいからなのだ。
演技でもいいから怖がってもらわなければ、
ただでさえ職がないのに本当に生きていけなくなってしまうから
彼らも命がけなのだ。
チンピラではなく本物は怒鳴り散らさずに、
黙っていきなりズドン！とくる。

本当に怖いのは、
怒鳴ってもおかしくないところでニコニコ静かに笑っている人だ。

組織のリーダーやカリスマと呼ばれる人で威厳のある人は、
絶対にむやみに怒鳴り散らさない。
怒鳴り散らした瞬間、小粒人間が決定だからだ。

だからどんなにはらわたが煮えくり返っていても、
冷静沈着なふりをして敬語で対処する。
偉い人は怒れば怒るほどに、周囲から見たら静かになっていく。
そのギャップが相手に本物の恐怖を与える。
何かあればすぐに怒鳴り散らすような下《した》っ端《ぱ》には、
適当に謝ってやり過ごせば相手はいずれどこかで誰かにボコボコにされる。
だが怒鳴られても仕方のないところで、怒鳴られなかったら要注意だ。
きっと相手は偉い人だから、きちんと敬意を払って接することだ。

No. 24

後戻りできない人生で
悔いを残さないために

大声を出さない

No. 25

「所詮《しょせん》○○なんて」が口癖の人は、○○が欲しくてたまらない。

ある先輩のつぶやき

自分に欠けていること、足りないことには、
できれば触れてほしくない。だいたい興味ないことだし……

あなたの周囲にこんな人はいないだろうか。

「所詮、お金なんて…」
「所詮、結婚なんて…」
「所詮、一戸建てなんて…」
「所詮、学歴なんて…」
「所詮、東京なんて…」

「所詮○○なんて」の○○には、その人の欲しくてたまらないものが入る。

欲しくてたまらないのに手に入れるのが難しいと感じたものを、
人は否定することによって心のバランスを取ろうとするのだ。

日常の会話でも、その人が頻繁に批判するのは興味津々《きょうみしんしん》の話題なのだ。
人は自分に欠けているものについて語りたがる習性がある。
試す必要はないが

「へぇ～、そんなに○○に興味があるの？」

と言おうものなら、相手は逆上して

「興味なんてない！」と叫ぶに違いない。

商談でも後ろめたい人はとてもわかりやすい。

自社商品の欠点についての質問が出ると、途端《とたん》に口数が多くなるからだ。

さっきまで冷静だった営業マンが急に饒舌《じょうぜつ》になり始めたら要注意だ。

きっとその箇所で嘘をついている。

本当に誠実な営業マンは、訥弁《とつべん》かもしれないがペースを乱すことはない。

口下手なら口下手として淡々と正直に事実を伝えるだけだからだ。

どんな商品でもオールマイティということはない。

これだけ競争が激しく周囲は競合だらけなのだから、

すべての商品は一長一短なのだ。

そこで長所のみならず短所も正直にきちんと伝えることができれば、

長い目で見れば相手に全幅の信頼を置かれるだろう。
大人になるとみんな天《あま》の邪鬼《じゃく》になっていく。
欲しいものを要らないと言い、好きな人に興味のないふりをする。
それが大人になるということなら、人生はなんてつまらないのだろう。
遠回しに愛を語るのではなく、直球で愛を語ろう。

直球で生きていると、
遠回しに生きている人の何倍もの人生を味わうことができてお得だ。

No. 25

後戻りできない人生で
悔いを残さないために

直球で生きる

No. 26

人が一番関心あることは、自分について。

ある先輩のつぶやき

出る杭は打たれるじゃないけど、自分だけ目立つとメンバーから根も葉もない噂で引きずり降ろされるんだ

もしあなたがちょっと出世したとか、
ちょっと成功したとかで、周囲に噂されるような存在になったとしよう。
噂に媚《こ》びて出世や成功を途中下車するのはもったいない。
自分の噂話をされるというのは、確かに気持ちのいいものではない。
噂にはいい噂もあればそうでない噂もある。
後者のほうが圧倒的に多いのが噂の特徴だ。

根も葉もない噂を流されるのは、
成長中の人にとっては**例外**なく**身**に**降**りかかってくる
通過儀礼《つうかぎれい》のようなものだと**考**えたらいい。

換言すればあなたが噂する側でいる限り、
出世も成功も覚束《おぼつか》ないということだ。
噂の特徴を憶《おぼ》えておけば、噂に過剰反応する必要はなくなる。

噂しているメンバーは噂しているその瞬間は盛り上がっている
ように見えても、話し疲れたらもう何も考えていない。
ただその場を盛り上げたいためだけに、
噂を空気作りの肴にしていただけなのだ。

群がって騒いでいたものの、
結局帰宅すると独りぼっちなるのは誰もが一緒だ。

その結果、何を考えるかといえば自分のことしか考えていないのだ。
人はいくらテレビや雑誌で他人の噂話で盛り上がっても、
ふと我に返ると必ず自分のことだけを考える。

他人が100の不幸を背負っていることよりも、
自分の1の不幸のほうが遥かに深刻なのだ。

だからもしあなたが噂される側になったとしても、気にする必要はない。

どんなに噂されたとしても、自分より他人に興味を持つ人はいない。
どんなに群がって騒いでいても、否、
群がって騒げば騒ぐほど独りぼっちになった時に孤独感が増す。
噂で繋がっているメンバーの絆は、滅法《めっぽう》弱い。
なぜならネタが尽きると、
今度はメンバー同士も互いに噂話を始めるからだ。
噂を恐れて挑戦することから逃げるのは、バカバカしい。

No. 26

後戻りできない人生で
悔いを残さないために

通過儀礼を覚悟する

No. 27

公の場で自分から謝る人は、属する組織では偉い人。

ある先輩のつぶやき

電車の中でぶつかった相手から嫌な顔をされた。自分も同じような嫌な顔になっているのがわかる休日のレジャーランドやショッピングモールに行くと、なぜかふんぞり返って偉そうに歩いている人がいる。

もちろん偉そうなだけで、偉いはずがない。

表情や立ち居振る舞いをよく観察してみると、組織の末端でよくお見かけする顔立ちをしている。

偉くないからこそ、偉そうに見せないと生きていくことができないのだ。


公の場で人間観察をしていると、本当にいろんなことに気づかされる。

歩いていてぶつかった際に謝るほうは、属する組織で相当な地位にいる側の人間だ。

仮に自分に非がほとんどなかったとしても、瞬時に空気を読んで「ごめんなさい」と言うことができる。

瞬時に空気を読むとは、

**「あ、この相手は属する組織で下《した》っ端《ぱ》だから自分からは謝れない人だな。

私から謝ってこの場はお互い気持ちよく別れよう」

とゼロ秒で判断することだ。**

反対に属する組織の末端で普段から謝ってばかりいる人間は、
相手に謝らせることによって優越感を抱く。
自分のことをよく知る人間がいないのをいいことに、
休日の遠出デビューで束の間の劣等感の解消を味わうのだ。
「ああ、いるいる！」「まさにその通り」
と他人を嘲笑《あざわら》っている場合ではない。

あなた自身は無意識のうちに謝ってもらってはいないだろうか。

「相手が謝ってきたのだから、きっと相手が悪いのだろう」

というのでは、あなたも正真正銘の下っ端確定だ。

ひょっとしたらあなたがボーっと突っ立っていて邪魔になったから、
後ろを歩いていた人にぶつかったのかもしれない。
ひょっとしたらあなたのデカ鞄が邪魔になって、
前から歩いてきた人にぶつかったのかもしれない。

謝られた回数と謝った回数は、常に同じになるのが望ましい。

No. 27

後戻りできない人生で
悔いを残さないために

自分から謝る

No. 28

イラッとくるのは、まるで自分を見ているようだから。

ある先輩のつぶやき

自分がダイエットをがんばっている時に、
街で自分より太った人を見かけるとついイラッとする

あなたにも他人を見ていてイラッとした経験があるだろう。
そのイラッとくる原因を考えずに、
「超ムカつく」「イヤな奴」
と甘えた女子高生のように喚《わめ》いていないだろうか。
女子高生はまだかわいらしくて私は許せるが、
いい大人が女子高生の真似をしていては逆にこっちがイラッとしてしまう。
イラッとくるのは、自分自身に酷似《こくじ》しているからだ。

人は自分自身と別世界で接点すらない相手には、
無関心でいられるからイラッとこない。

イラッとくる相手は、必ずあなたの過去が密接に関係してくる。
自分がダイエットをがんばってピリピリしている時に、
街で自分より丸々太った人を見かけるとイラッとする。

「よくあんなに太った姿で人前を歩けるわね」

と心配するのは、余計なお世話というものだ。

なぜイラッとしたかといえば、

太っていた自分自身と見事に重なったからだ。

歯に衣《きぬ》着せぬ物言いでズケズケと話す人を見るとイラッとする人は、

その理由がなぜだかわかるだろうか。

もちろん自分と酷似《こくじ》しているからだ。

本当は自分だってズケズケと思ったことを口にしたいのに、

嫌われるのが怖いからそれができずに我慢している。

自分が我慢していることを相手が躊躇《ちゅうちょ》することなくやってのけた時、

嫉妬心からイラッとするのだ。

どうだろう。

イラッとする原因がわかれば、
イラッとしないように対策するのは簡単ではないだろうか。
イラッとさせられた相手は、
他の誰でもない自分自身の姿だと気づくことだ。

自分も「人」「場所」「時」を変えれば、
まったく同じことを他の人にやっていると気づかされた時、
イラッとせずに**感謝**できる。

No. 28

後戻りできない人生で
悔いを残さないために

自分事として考える

No.
29

小説を読むと、人間というものがわかってくる。

ある先輩のつぶやき

小説は作り話だと侮ってたけど、自分一人じゃ体験できない様々な人生の縮図だった。若いうちにもっと読んでおけばよかった人間を知るためには、人間をよく観察するのが一番だ。

それを踏まえた上で、さらに深く人間を洞察する補助ツールとして私は小説を読むことを強く薦めたい。

原則、小説は作り話だ。

作り話だからといって軽く見てはいけない。


人間の想像力は現実よりも遥かにスケールが大きいし、現実が想像を追いかけることもある。

宇宙旅行の漫画に感銘を受けた子どもが、
大学院で宇宙工学を学んで宇宙飛行士になる。
現実には著者のこれまでの人生の経験や事実をベースにして、
そこから話を膨らませていくことが多い。
売れる小説というのはまったく現実的にあり得ないものではなく、

「あるある」「そう、それそれ」

といった共感を呼ぶものが多い。

それ以上に「現実はこれよりもっと酷いくらいだよ」

という感想を持たれる作品こそ共感を呼ぶ。

つまり多くの人たちの深層心理に潜んでいる
〝願望〟とか〝怒り〟といったものを、
巧みに作り話を通して表現した小説がベストセラーになりやすいのだ。

こう言うと必ず「お薦めの小説を教えてください」
と聞く人がいる。
お薦めの小説は人によって違う。
なぜなら人はそれぞれ歩んできた人生が違うのだから、
心の琴線に触れるフレーズもまったく違ってくるからだ。

私にとっては名作でも、あなたにとっては駄作であることもある。
その逆も然り。
もし小説など読んだことがなくて右も左もわからないという人がいたら、
現実に過去に起こった事件をモチーフにした作品が
比較的挑戦しやすいと思う。
インターネットで実際の事件の情報を把握した上で読むと、
のめり込むだろう。
何冊か読んでいるうちに、
必ず自分の肌の合う作家に出逢うことをお約束する。

No. 29

後戻りできない人生で
悔いを残さないために

小説を読む

Chapter 5

頭に投資しよう。

学校を卒業してからの10年間でどれだけ勉強したかが、
その後の人生の浮沈を決めてしまう。
社会には、もともと不器用で物覚えが悪かった人でも
成功を収めていることが多い。
不器用な人が不器用を認めた瞬間、
成功の扉の前に立つことができる。
人生って、それに早く気づいた者勝ちなんだ。

No.
30

勉強は、下手の横好きでいい。

ある先輩のつぶやき

周囲に評価されたいからと見栄で嫌いな勉強をしていた。
自分が大好きな分野の勉強を優先すればよかった

お子様の勉強はせいぜい数年単位だ。
大人の勉強は最低でも10年単位だ。
否《いな》、私の本音を言えば大人の勉強は１０００年単位だ。
１００歳で死んだ時点での勉強の蓄積は、
輪廻転生《りんねてんしょう》して次の１００年間の人生でもずっと引き継がれていくイメージだ。
だから生まれつきの天才というのが現実にいる。
世紀の大天才というのは、前世の９００年間の蓄積の結果だという仮説だ。
レオナルド・ダ・ヴィンチやミケランジェロといった、
当時の同世代を生きた秀才たちが鬱《うつ》になってしまいそうな天才は
このタイプだろう。
そう考えると、楽にならないだろうか。

１０００年単位を想定して勉強していると、
少し躓《つまず》いたくらいではビクともしないはずだ。

浪人したとか、留年したとか、就職が決まらないとか、失業したとか、
すべてが些細《ささい》なことに思えてくる。
また今回の人生では報われなくても、
次の人生で少しでもいいスタートを切ることができるように
蓄えておこうかという気持ちになる。

今はノーベル賞なんて夢のまた夢だと笑っていても、
もし1000年間一つの分野の研究に没頭したら
決して他人事とは思えないのではないだろうか。

1000年の間にはひょっとしたら何度かお金持ちの家庭で生まれて、
その時代の最高の教育を受けられる機会に恵まれるかもしれない。
あくまでも私の妄想だが、こう考えると元気にならないだろうか。

No. 30

後戻りできない人生で
悔いを残さないために

1000年単位の勉強をする

勉強は下手の横好きでいい。
周囲に笑われてもいいから、自分が大好きなことを勉強しよう。
周囲に評価されたいからと見栄で嫌いな勉強をするのは、
時間がもったいない。
下手の横好きに没頭しているうちに、
必ずその中で得意な分野に出逢う。
〝大好き〟かつ〝得意な分野〟で勝負している限り、
天才に近づいている。

No. 31

勉強でお金を道楽しても、複利で取り返せる。

ある先輩のつぶやき

若い時に本や勉強に費やした代金は、人生の早いうちに回収できることを、今ごろになって気づくなんて……

「道楽」というのは、普通は悪い意味で使われる言葉だ。
「道楽息子」といえば、ご近所様から格好の悪口の対象とされてしまう。
もちろんギャンブル三昧《ざんまい》だとか
分不相応な贅沢《ぜいたく》三昧の暮らしぶりをしていたら、
周囲に非難されるのは当然だろう。
だが唯一道楽してもあとから必ず取り返せるのは「勉強」だ。

勉強で道楽するとすぐに見返りはないかもしれないが、
10年後から少しずつ回収できるようになる。
20年後には豊かな生活を獲得できて、
それ以降は生きているだけで人とお金が集まってくるようになる。

お金が複利で雪だるま式に回収できるようになるのだ。
私は大学時代に本代に1000万円以上費やしてきた。

自分でも高額なバイトをかけ持ちしていたものの、時間を奪われては読書の時間が奪われてしまうため親の仕送りにも頼っていた。

間違いなく道楽息子だったと思う。

当時はこのまま道楽息子で終わってしまうかもしれないと思っていたが、社会人スタート初日から読書の効果を実感することができた。

目上の人たちと会話するたびに、

学生時代に読み漁《あさ》った本の内容とまったく同じではないかと驚かされた。

本に書いてあることは、すべて事実だったのだ。

まるで学生時代に読んだ本の内容を、

毎日の現実社会で復習しているような感覚だった。

あとはひたすら経験不足を補っていけばいいと考えた。

結果はビンゴ！だった。

学生時代に費やした本代は、
人生の早いうちに回収できたし
今ではあちこちからお金が振り込まれている。
お金儲けだけのために勉強するのではない。

勉強に没頭した結果として、
ふと気づいたら人とお金が殺到しているのだ。

No. 31

後戻りできない人生で
悔いを残さないために

頭に投資する

No. 32

1冊の本が、1万倍のお金に化けることなんてザラ。

ある先輩のつぶやき

本1冊、わずか1000円の出費を惜しんだばかりに、何万倍の見返りチャンスを逃してしまっていた頭に投資するのは最高のローリスク・ハイリターンだ。
これまで自由気ままに好きな本を読んできて、
ちょっとした言葉の言い回しや心の琴線《きんせん》に触れた一行から
精神的に救われたり大金を稼げたりした経験は数え切れない。

私の場合は過去に読んだ本とたまたま最近手に取った本とが
有機的に結び付いた結果として、
ポン！とお金に化けることが多い。

最近ではこんなことが実際にあった。
書店で節税術について書かれた新書を偶然手にしたら、
開いたページにいきなり私の職業にピッタリのアドバイスが書かれていた。
ちょうど確定申告の1ヶ月前だったから、
早速その本を買ってアドバイス通りに計算してみた。

結論から言おう。
過去に遡《さかのぼ》った分も含めて約1000万円が税務署から戻ってきた。
新書だからとても安かったため、リターンは1万倍を大きく超える。
ここからが大切なのだが、私が偶然開いたページは偶然ではない。

十数年前に遡ってみると、
そのページに行き着く理由がちゃんとあったのだ。

昔読んだ本に「作家はハマチの養殖と同じ」
と書かれていたことが私の記憶に鮮明に残っていた。
その結果、今回出逢った新書の偶然開いたページに
注釈として小さく書かれていた
「はまち」という文字に目が留まったのだ。
そこには「変動所得の特例」という特別減税制度について

詳しく書かれていて、まるで私のために書かれたような内容だった。

その直前に会計事務所の代表取締役が私の書斎に営業に来て、節税対策について長時間レクチャーしてくれたが「変動所得の特例」について触れられることはなかった。

恐らくその時の私にとって、「変動所得の特例」以上の節税はなかっただろう。

以上はほんの一例であって、本を読んでいるとこんな幸運は日常茶飯事で巡《めぐ》ってくる。

No.32

後戻りできない人生で悔いを残さないために

幸運は読んだ本の数だけあることに気づく

No. 33

大人の勉強は、競争したら負け。

ある先輩のつぶやき

社会人になってからも、しょせん一番にはなれっこない分野で無駄な競争を続けてしまった子どもの勉強と大人の勉強の違いがある。

子どもの勉強は競争に勝つことを励みに、合格したら勝ち組、不合格なら負け組という考え方だ。

私は子どもの頃にはそうした勉強の仕方が間違っているとは思っていないし、むしろ必要だと思っている。

競争の厳しさを知らない人間が国の将来を支えられるはずもないし、競争をきっかけにして自分の生きる道を選択していくことができると思うからだ。

ところが大人になっても子どもの勉強を続けている人がいる。


無目的なB級資格のコレクターや、世間体を気にして高学歴で厚化粧し続ける学歴ロンダリングがその典型だ。

それでもその世界でトップになれると確信しているなら、まだいいと思う。

どんな世界でもトップにはそれなりの威厳があるし、
人とお金が殺到するからだ。
だが上位数%というレベルに甘んじるのなら、
才能の無駄遣いでもったいないことだと思う。
大人は競争しなくてもいいように、早めに自由な存在になるために勉強する。
初期の頃には多少の競争は強いられるだろうが、
最後まで他人を意識し続けた人生は疲れる上に
虚《むな》しいから避けるということだ。

勉強のコツは、まず大好きで目が冴えるような分野を選ぶことだ。
次にその分野に没頭するうちに自分にも勝てそうな分野を見つけることだ。
できるだけマイナーなほうがいい。
ただしそのマイナーな分野で
一度はナンバーワンを獲得しなければならない。

最後に自分独自の癖や個性を活かしながら、
他人が真似できないように競技をひたすらずらしていくのだ。

「変わったお仕事をされていますね」

「あなたの専門分野は一体何ですか?」

そう言われるようになれば、しめたものだ。

弱者のオンリーワンではなく、
幸せなオンリー&ナンバーワンを目指すのだ。

No. 33

後戻りできない人生で
悔いを残さないために

オンリー&ナンバーワンを目指す

No. 34

学校卒業後の10年間の勉強が、一生の底力になる。

ある先輩のつぶやき

勉強は大学受験まででいいと思っていた。社会人になってからの勉強が一生を決めることに気づくのが遅かった

社会に出てから大成している人たちをよく観察していると、
こんな事実に気づかされる。
学校を卒業してからの10年間でどれだけ勉強したかが、
その後の人生を決めていたということだ。

中学を卒業して10年間がり勉をした職人は、
その道で成功している。
大学を卒業して10年間がり勉をした人は、
その道で成功している。

学校を卒業してからこそ、がり勉にならないと人生はもったいない。
少なくとも大学受験の予備校生に負けてはいられない。
本来大学受験といえば、人生において朝の準備体操のようなものだ。
社会人といえば、

いよいよこれからあなたのサクセスストーリーの扉を開いていく段階だ。
私はサラリーマン時代から〝最近自分はたるんでいるな〟
と感じた時には、近くの予備校に立ち寄るようにしていた。
そこで感じられたのは、
日本のサラリーマンには残念なことに、
予備校生よりも緊張感溢《あふ》れるいい顔をした人が少ないということだった。

ここだけの話、学校を卒業してからの努力はとても報われやすい。
5教科や7教科といったような狭い分野ではなく、
数万分野で勝負できるからだ。
多少のガッツがあれば、
自分で新しい分野を開拓することだって可能だ。
その上周囲は学校を卒業したらすっかりだらけている。
それだけ努力が報われやすい環境にあるということだ。

だからもともと不器用で物覚えが悪い人こそ、
社会人になってからガリ勉をすることだ。
不器用で物覚えが悪い人は、学校教育では落ちこぼれ扱いされただろう。
でも社会人になったら、
もともと不器用で物覚えが悪い人でも成功していることが多い。

不器用が不器用を認めた瞬間、成功の扉の前に立つことができる。

No. 34

後戻りできない人生で
悔いを残さないために

社会に出てからこそ
ガリ勉になる

No.
35

自腹で教わると、本気になれる。

ある先輩のつぶやき

本は会社の経費でしか買わなかった。実にならないのは
身銭を切らなかったせいだと思う

人からものを教わる際には、お金が必要だ。
習い事には月謝を払わなければならない。
どうして人から教わるにはお金が必要なのだろう。
先生の生活を支えるためではない。
人気のある先生は大金持ちでもうこれ以上稼ぐ必要もないのに、
生徒は月謝を払わなければならない。
理由はお金を払わない人は傲慢《ごうまん》になるからだ。
傲慢になると吸収できない。

人は自分より格下だと判断した相手からは
何も学ぶことができない。

出版関係者の中にも
「本は無料でもらって当然」

「本は会社の経費で買うもの」
と思い込んでいる人は多い。
こうした人の特徴は本の批判が大好きだということだ。
仕事ができる編集者は自分が担当した本を
レジに並んで自腹で購入している。
中には買った本を抱えて一緒に寝ているような
抜群に仕事ができる人もいる。
それくらいの思い入れや敬意があるから、抜群の実績を残せるのだろう。

あなたの身内に作家やミュージシャンや芸人がいたとしよう。
よかれと思って本やCDやDVDを周囲の知人に無料で配りまくっても、
誰も幸せにならない。
もらった相手は「もらってやった」と考えて、
ふんぞり返って感謝などしない。

感謝しないどころか、
無料でもらった後ろめたさからその作品の批評をし始めるだろう。
結果としてその作家やミュージシャンや芸人はなめられてしまう。
自分では得意気になっていいことをしていたつもりでも、
不幸をまき散らしていた張本人なのだ。
お金を払うのは謙虚になるためなのだ。
謙虚になると吸収率が大幅に向上する。

払ったお金と吸収率は、見事に比例しているのだ。

No. 35

後戻りできない人生で
悔いを残さないために

知恵を得るには
お金を払う

No.
36

世の中には本を読んで行動する人と、そのどちらもしない人しかいない。

ある先輩のつぶやき

話がつまらない、と人から言われた。刺激を受けることも少ないし、まだ若いのにヘンに老け込んできた

「本を読んでばかりいて、行動を起こさなければ意味がない」
「行動こそが大切」
そんな話をよく耳にする。
確かにその通りだとは思うが、
現実を見てみると読書家なのに行動しない人は
とても少ないことに気づかされる。
むしろ読書家のほうが行動力はあり、
本を読まない人のほうが行動力はない。
その差はどんどん開いていくように見える。

本をまったく読まないけれどもフットワークが軽いという人もいるが、
そういう人の共通点はまもなくフットワークが重くなるということだ。

本は読まないけどフットワークの軽かった人に久しぶりに会うと、

若い頃の元気はすっかり失って随分《ずいぶん》老け込んでしまっている。
話をしてもつまらない。
理由は簡単だ。
本も読まずにいくら動いたところで、
人間一人の知恵なんてたかが知れているものだ。

しなくてもいい失敗を繰り返すのは、
せっかくの先人の知恵を無駄にしていることになる。
しなくてもいい失敗を繰り返しているうちに、
自信をなくして気力も体力もすっかり失われていく。
読書家ならすぐにわかることだが、
本には先人の知恵がぎっしり詰まっている。
本来、千回しなければならない失敗を十回や百回に抑えてくれる。
本から獲得した知恵のおかげで失敗しなくて済んだ時間を使い、

幸せな人生を満喫できる。

読書していると**いつか必ず「よし、やってみよう！」と起ち上がる瞬間**がくる。

今は動かなくても心配する必要はない。
周囲に何を言われようが、心ゆくまで読書を楽しんだらいい。
そのうちムズムズしてきて、動き出さざるを得ない瞬間がやってくる。
その瞬間こそが、本当に動き出すべき時なのだ。

No. 36

後戻りできない人生で
悔いを残さないために

とにかく本を読む

Chapter 6
技を磨こう。

1年間だけ死ぬほど頑張って、
9年間サボっていた人は、
10年間淡々と続けている人には敵わない。
いくら不器用でも10年間、
しがみついてやっていければ、大抵はモノになる。
人生って、それに早く気づいた者勝ちなんだ。

No. 37

毎日継続できることが、才能。

ある先輩のつぶやき

本当は苦手なのに一生懸命に頑張ってみたけど、なかなか上達しない。結局1年でやめてしまった人生を謳歌《おうか》したければ、自分の技をとことん磨いておくことだ。
どんな分野でもいいから、
その技で飯を食っていけるということが人生を謳歌するということだ。

人にとって一番の快感は、
自分の才能を発揮して生きることだ。
人にとって一番の苦痛は、
自分の才能を発揮できずに死んでいくことだ。

自分の才能を発揮するのを押し殺し、
世間体を気にして模範解答を細々と維持しても
死に際に必ず虚しさが残るだろう。
なぜなら本能に反する行為だからだ。
模範解答は人間が作ったものだが、

才能を発揮したいという本能は神が創ったものだ。
太刀打ちできるはずがない。

自分の技を磨くなら、できるだけ若いうちがいい。
自分の技というのは、磨き続けなければ意味がない。
1年間だけ死ぬほど磨いて9年間サボっていた人は、
10年間淡々と続けている人の前には敵わない。
本当は嫌いなのに我慢しながら技を磨いても、
なかなか向上しないからそれもまた無意味だ。
技を磨くためには、苦にならずに継続できることが大切だ。

周囲から見たら努力しているように見えても、
本人は朝の歯磨きや洗顔と同じで
無意識のうちについやってしまっていることをとことん磨くのだ。

例えば私の執筆という技がそれに該当する。
隠しカメラで私の仕事風景を観察したら、
猛烈に働いているし、努力しているように映るはずだ。
だが私にとっては働いている感覚もなければ、
自分が努力しているなんてこれまで一度も感じたことはない。
だからこそ、この仕事を愛しているし幸せだと心から感謝している。

No. 37

後戻りできない人生で悔いを残さないために

淡々と続ける

No. 38

才能は自分のためにではなく、人のためにある。

ある先輩のつぶやき

才能を認めてくれない。だから自分のためだけにがんばることが、だんだん後ろめたく感じるようになってきた

自分の技を磨いていく過程でくじけそうになったら、
こんなことを思い出してもらいたい。
才能というのは自分のために授かったのではなくて、
自分以外の周囲のために授かったということを。

「あなたはこの技を磨いて、周囲の人たちを幸せにしなさい」
と授かったものがgifted（天から授かったあなたの才能）なのだ。

自分のためだけにがんばり続けるのは、
どうしてもいつか限界がやってくる。
「自分」「自分」「自分」…と視野が狭くなっていくと、
周囲からも応援されずに挫折しやすい。
何よりも自分で自分のことが好きになれない。
もちろん最初から〝世のため人のため〟というのはいやらしい。

怪しい宗教団体のようで鬱陶《うっとう》しい。
自分の技もたいしたことのない人間に、
どんなに綺麗事《きれいごと》を言われても誰も相手にしてくれない。

私が言いたいのはそういうことではない。
自分の技をある程度磨き上げるまでは、ひたすら自分のためでいい。
認められたいという一心の、我欲《がよく》むき出しで突っ走ればいい。
だがある程度技を磨き上げた上で壁にぶつかったら、
このがんばりは人のために役立つのだと発想を転換することだ。

人は狭く考えて行き詰まると、
さらに狭く考えて負のスパイラルにはまっていく。
芸術家タイプの人には自分の才能の限界を感じて、
最悪の場合は自殺してしまう人もいる。

行き詰まったら狭く考えるのではなく、広く考えるのだ。
広く考えると、自ずと解決策が見つかる。
すでにお気づきのように、
人は自分の技を磨きながら人格を磨いている。
人格を磨く手段として、
才能が与えられ、それを磨くように時間を与えられた。
自分の技で隣の人を笑顔にできた瞬間、
「生まれてきてよかった」と思える。

No. 38

後戻りできない人生で
悔いを残さないために

広く考える

No.
39

30歳までに磨き上げておくと、その後の人生が天国になる。

ある先輩のつぶやき

漫然と過ごしてしまった。このままいけば、どう考えても将来の自分が成功するようには思えないスポーツや芸術の世界などごく一部の天才を除いた凡人は、30歳までにその道のプロとしてやっていけるだけの技を磨いておくといい。これは私がサラリーマンの駆け出し時代に出逢った多くの成功者たちが、口を揃えて教えてくれたことだ。

「30歳までに下ごしらえをどれだけやったかで人生は決まるよ」

「30歳までに何かしら仕事で成功を収めておかなければ、その後は鳴《な》かず飛《と》ばずの人生で終わる可能性が高いからね」

そんな言葉のシャワーを浴び続けてきた。
30歳までに技を磨いておくと、その後の人生が一気に楽しくなる。
まるで別世界になる。
これは本当の話だ。

独立すればもっと早く答えが出るが、
特に大企業に勤めるサラリーマンは
20代ではなかなか目立つ成果など出せない。
そうした環境やチャンスも与えられていない。
それでも与えられた範囲内で最高のパフォーマンスを叩き出す必要がある。
それが自分を磨くということであり、頭角《とうかく》を現していくということなのだ。
頭角を現すと、急激に環境とチャンスが与えられ続けるようになる。

環境やチャンスは与えられるのを待つのではなく、
自分で引き寄せるのだ。

下ごしらえにはタイムリミットを設けたほうがやる気が出る。
死ぬまで下ごしらえをしたい人はいないし、
下ごしらえは短いに越したことはない。

出世したほうが楽しく自分を成長させることができる。
30歳までに下ごしらえをしておけば、黙っていても35歳以降に花が咲く。
花が咲くと、ますます努力が楽しくなる。
放っておいても無意識のうちに努力できるようになる。
幸せな人生のスパイラルはこうして創られていくのだ。
30歳を過ぎている人は、〝今、この瞬間〟から下ごしらえを始めよう。

No. 39

後戻りできない人生で
悔いを残さないために

下ごしらえする

No.
40

半人前の段階で、未熟者同士傷を舐め合わない。

ある先輩のつぶやき

同期入社の仲間たちとつるんでいるのは楽しかった。けど、親友は一人もできなかった

生涯の技を磨くために下ごしらえをしている段階で、
ぜひ注意してもらいたいことがある。
下ごしらえが辛いからといって、
未熟者同士でワイワイ群がらないことだ。
未熟者同士で群がった瞬間、
その後の人生は何をやっても補欠コースまっしぐらになる。

学生時代の補欠は悔しさのバネになるが、
社会人の補欠は人生そのものが補欠になる。

せっかく奇跡的に授かった命を、補欠人生で終えるのはもったいない。

「若いうちに仲間づくりをしておけ」

「同期はできるだけ大切にしておいたほうがいいよ」

お節介な先輩からそんな正論を言い聞かせられることが多いだろう。

だが厳密には、お互い気を遣ったり意識したりしてできた仲間など無価値に等しい。

そんな薄っぺらな関係は人脈になり得ない。

歯を食いしばって一人で下ごしらえをしていると、振り返ったら自分と同じように孤独に踏ん張っている存在に気づかされる。

それが親友であり、生涯の友になるのだ。


辛くても群れずにひたすらコツコツと技を磨いていくと、人間関係に余計な時間を奪われないから成長が早い。

未熟者同士で群がっていると先輩社員から見捨てられるが、一人でがんばっていると先輩社員の目に留まる。

群がっているとアドバイスしにくいが、一人だとアドバイスしやすい。

有能な人から直伝で教えを受けることができるのは、いつも一人で歯を食いしばっている人だ。

群がってニヤニヤしている連中は、
年を食っても卑屈《ひくつ》にニヤニヤしているままで人生を終えていく。
下ごしらえは一人で耐え抜き、
本物の技と生涯の友を獲得しよう。

No. 40

後戻りできない人生で
悔いを残さないために

補欠同士で群れない

No. 41

一度やってみて肌に合わなかったことは、もうやらなくていい。

ある先輩のつぶやき

自分に向いているか不向きかは、やってみなけりゃ判断できない。ダメならやめればいいんだから私は人生で食わず嫌いをしないほうがいいと思っている。
どんなことでも一度はチャレンジしておかなければ
自分の可能性を狭めることになり、
とても損な生き方だと考えるからだ。
実際に食わず嫌いで逃げ回っていた部分にこそ、
才能が隠れていたということも多いのだ。

私自身が身を以《もっ》てそんな経験をしている。
一度の人生は限られた時間しかないが、
極限まで食わず嫌いをゼロにする努力は無駄にはならないと思う。
だが一度きちんとやってみて肌に合わないなら話は別だ。
これは他人にとやかく言われるまでもなく、自分の直感でわかるはずだ。
一度やってみたけれど、どうも算数は肌に合わない。

一度やってみたけれど、どうも音楽は肌に合わない。

一度やってみたけれど、どうもマラソンは肌に合わない。

一度やってみたけれど、どうも水泳は肌に合わない。

一度やってみたけれど、どうも集団行動は肌に合わない。

こうした直感はたいてい正しい。


他人の倍以上の努力をしても成長が半分しか見られず、しかも自分がプロセスに幸せを感じないということならやめておくことだ。


それはあなたのＤＮＡが「それで才能を磨くべきじゃない」とアラームを鳴らしてくれているのだ。

本書を読んでいる人ほどの努力家であれば、この意味がわかると思う。

技を磨くということは、プロセスそのものが楽しくなければならない。

プロセスを楽しめないことは、好きではないということだ。
プロセスを楽しめないことは、そもそも継続できない。
継続できないことは、成長しないということだ。

人生を**幸福**にするために**技**を**磨**くのはとても**大切**なことだが、
だからこそ**自分**の**魂**の**叫**びに**背**《そむ》いてはいけない。

No. 41

後戻りできない人生で
悔いを残さないために

魂の叫びに背かない

No.
42

自分の技を磨くと、人格も磨かれていく。

ある先輩のつぶやき

技術さえ上達すれば文句はいわれないと思ってたけど、
心が伴っていなかったから上達も遅かった

人格を磨きたければ、技を磨くに限る。
私がこれまで出逢ってきた人格者は、
必ず自分の技を磨いており一流の実績を残していた。
自分の技を磨く過程で、
自分の人格を磨くことができるのだと教わった。
自分の技を磨いていないのに、
人格を磨こうとしてもそれは無理がある。
技を磨いていない人の人格は偽物《にせもの》だ。

どんなに美辞麗句《びじれいく》を並べ立てたところで、
技を磨いていなければ単なる偽善者《ぎぜんしゃ》だと思われても文句は言えない。

技を磨くというのは、それだけ厳しい修行なのだ。
技を磨くためには、師匠の存在が必要になる。

ご存命にしろ、そうでないにしろ、
師匠と心でコミュニケーションを取っていかなければ成長できない。
その過程で人格が磨かれていく。
技を磨くためには、ライバルの存在が必要になる。
お互いに切磋琢磨《せっさたくま》していく過程で、人格は磨かれていく。
技を磨くためには、
その分野について本を読んで勉強しなければならない。
どんな分野であろうと、
その道の一流の人が書いた本は最終的には人格を磨けという内容だ。
必然的に人格を磨かざるを得ないと気づかされる。
いかがだろうか。

技を磨くということは、
最終的に人格を磨く手段だということだ。

No. 42

後戻りできない人生で
悔いを残さないために

偽善者にはならない

超一流の料理人は、技と人格が備わっている。

超一流のスポーツ選手は、技と人格が備わっている。

超一流の音楽家は、技と人格が備わっている。

人格が備わっていないのに技だけが優れている人の特徴は、栄冠が長続きしないということだ。

順番は必ず先に技の成長がきて、次に人格も伴っていく。

No. 43

技は、一生かけても完成しない。

ある先輩のつぶやき

やればやるほどわからなくなる。
どこまで上達しても足りないところばかり見えてきた

「道を極めた人」

そんな言葉をたまに耳にするが、道は極められない。

自分が極められないのはもちろんのこと、
尊敬する師匠でさえも極められない。

これについてはもう結論が出てしまっているから、議論の余地はない。

「うちの師匠は道を極めている」と弟子が吹聴《ふいちょう》していたら、
逆に「その師匠もたいしたことないな」
と思われてしまうから注意が必要だ。

「道を極めるなんて平気で弟子に言わせているようでは、
まったく教育が行き届いていない」
と呆れられるからだ。
師匠の自慢をしているつもりが、師匠を貶《おとし》めているのだ。

あなたが技を磨く際にも、
永遠に完成はないことを知っておくことだ。
人の一生くらいではとても技なんて完成させることができない。
もし一生かけて技を完成させることができたとしたら、その技は偽物《にせもの》だ。
師匠が「お前もそろそろ完成の域に達してきたな」
と言ったなら、その師匠は偽物だ。
そのくらい言葉というのは恐ろしいものなのだ。
「極めた」「完成した」
と口に出した瞬間、成長が停止する。
全身の細胞が成長をやめるように始動する。
この世で成長しないものは、現状維持することすら許されない。

成長をストップさせたら、
衰退の一途を辿《たど》り死期を早めるだけだ。

No. 43

後戻りできない人生で
悔いを残さないために

「極めた」と言わない

その証拠に「極めた」「完成した」とふんぞり返っている人は、
まもなく腑抜《ふぬ》けになる。
久しぶりに見たと思ったら急激に老け込んでいて、
いつの間にかポックリ逝く。
人は自分が「極めた」「完成した」と思ったら、
もう役割を果たしたと体が思い込んで死に向かって突き進むのだ。
大切なことは、他人事《ひとごと》ではなく自分事だ。
「極めた」「完成した」と口にしないことはもちろんのこと、
そんなセリフを口にする人が近づいてきたらサッと避難することだ。

Chapter 7

無駄なことをしよう。

人生はこの先どうなるか誰にもわからない。
10年後、不得意だったはずの職種で
身を立てているかもしれない。
無駄だと感じていることでも、やってみなければ
わからないし、やらなければ逆転のチャンスもゼロだ。
無益なことでも楽しめるのが、ホンモノの大人だ。
人生って、それに早く気づいた者勝ちなんだ。

No. 44

「これは私のやりたい仕事ではありません」で、夢は遠のく。

ある先輩のつぶやき

営業の仕事には絶対に就きたくないと思っていた。けど、やってみると案外私に向いている職種かもしれない

これまで数多くの新入社員を見てきたが、
伸びる人と沈んでいく人の違いが非常によくわかるセリフがあった。
「これは私のやりたい仕事ではありません」という悪魔の言葉だ。
悪魔の言葉を使うと、どうして沈んでいくのだろうか。
まず、幅を拡げることができなくなるからだ。

「やりたい」か「やりたくないか」は、
実際にやってみなければわからない。
「**役立つ**」か「**役立たないか**」は、
今すぐにはわからない。

若いうちには食わず嫌いせずに、
いろいろチャレンジしておくことによって、
あとから夢実現に役立つことは多い。

最初から自分で選《え》り好《この》みしていると、
幅がないからからきし魅力のない人間になってしまうのだ。
次に、周囲に応援してもらえなくなるからだ。

組織で生きるということは周囲の役に立つことが第一であって、
あなたの夢を実現させるか否かは周囲にとってはどうでもいい話だ。

周囲に喜んでもらえた人間が、
初めて自分のやりたいことを少しずつやらせてもらえるのだ。
何も役に立っていない人間が夢実現なんて、
ちゃんちゃらおかしい話なのだ。
もし多少なりとも根性があるのなら、
さっさと独立して自分で好きなことをやればいい。
その根性がないのなら、まずは周囲の役に立つことが最優先なのだ。

以上の理由から、悪魔の言葉を使う人は絶対に成功できないのだ。
私自身の新人時代といえば、何もできなかったが何でもやってきた。
コンサル時代には、
バキュームカーに乗って現場作業員と仕事したこともある。
結果として、そうした経験が今になって役立っている。

人生は何がどうなるかは誰にもわからない。
わからないからこそ、
何でもやっておくことでチャンスを逃さずに済む。

No. 44

後戻りできない人生で
悔いを残さないために

最初から選り好みしない

No. 45

評判の悪い人にも、一度は会ってみる。

ある先輩のつぶやき

みんなの評価が低い人物に、実際に会ってみたら、噂と違っていい人だった。評価は自分でするものだと思う

人と会う時に、自分から「会ってください」とは
言わなくてもいいポジションに早くなってもらいたい。
自分から「会ってください」とお願いしているうちは、
まだあなたに魅力がない証拠だからだ。
どんどん本を読んで、どんどん経験を積んで、
魅力的な人間になってもらいたい。
あなたが魅力的になってきたら、「会ってください」
と頻繁に言われるようになる。
これは年齢に関係ない。
20代でも言われる人は言われるし、
30代や40代になっても言われない人は言われない。
その上で以下の話を読んでもらいたい。

最初から会いたくない人には会う必要はないが、

迷った場合には一度だけ会ってみたほうがいいだろう。

特に評判の悪い人の場合は、
1次情報を確認するために会っておくとあとから役立つことが多い。

その他大勢の噂好きのように、
「…らしいね」と言わなくて済むからだ。
あなたが実際に会った人物に対しては、
1次情報として堂々とコメントできる。
「噂と違っていい人でしたよ」「噂通りの人でした」と言えるから、
説得力が断然違うのだ。
実際に私自身がそうしてきて正解だったと断言できる。

評判の悪い人に一度だけ会ってみようと決めたところ、

3割は噂通り酷《ひど》かったが、7割は噂とは違った。

3割の人とは二度と会う必要はないが、
7割の人とはその後もお付き合いさせていただいた。
第一印象を悪く〝見せかけて〟いるのは、大物の証拠だ。
大物はみんなに好かれないように、
あえて悪役を演じていることが多い。

No. 45

後戻りできない人生で
悔いを残さないために

1次情報を大切にする

No.
46

最悪のサービスを受けたら、笑いのネタに転換していく。

ある先輩のつぶやき

失礼な人たちに遭遇すると、癪《しゃく》に障って、気になって、
後々までイライラ感が残る。どうしても心が晴れない

偶然入った店で食べたラーメンが、
とんでもなく不味《まず》かった。
偶然入った店で、
とんでもなく無愛想な接客をされた。
大手企業の「お客様問い合わせ」にメールしたら、
とんでもなく失礼なメールが返ってきた。
以上のような経験は誰でも一度ならずあるだろう。
こんな場合、普通は時間とお金を無駄にしたと後悔する。
だが時間とお金を無駄にしたと意思決定するのは、あくまでも自分自身だ。

自分が無駄にしたと意思決定すると、無駄になる。
自分が無駄にならなかったと意思決定すると、無駄にならない。

酷《ひど》いサービスに遭遇したら、「やるじゃん」と考えることだ。

こんなに不味《まず》いラーメンを出しながらも、今日まで生きてこられたとは驚きだ。

「やるじゃん」

こんなに無愛想な接客をしながらも、今日まで生きてこられたとは驚きだ。

「やるじゃん」

こんなに失礼なメールを返してきながらも、今日まで生きてこられたとは驚きだ。

「やるじゃん」

これで少し心が軽くなるはずだ。

それほどの欠点を抱えながらも今日まで生きてこられたということは、欠点を凌駕《りょうが》する何かがあるということなのだ。

それを発見しようと思えば、暗い気持ちも明るい気持ちになる。

少なくともあなたまで暗い気持ちに巻き込まれなくて済む。

経営コンサルタントをしてきた私がありのままの現実を披露しておきたい。
残念ながら「やるじゃん」と許した会社は、
その後確実に衰退して消滅していく。
立地条件がよくて繁盛していた店も、
国内で圧倒的シェアを占めてふんぞり返っていた航空会社も
例外ではなかった。
「やるじゃん」は、そうした会社に関わらないための魔除けでもあるのだ。

No.46

後戻りできない人生で
悔いを残さないために

不運に巻き込まれない

No.
47

合理的でない決断が、人を動かす。

ある先輩のつぶやき

満場一致で、反対する人のいない提案って、
うまくいった試しがないように思えてならない

尊敬されるリーダーは決断力のある人だ。

頭脳明晰《ずのうめいせき》だけど決断できないリーダーより、
頭脳は普通だけどその場その場で決断していくリーダーに
人はついていく。

頭脳明晰な人は正しい決断をしようとするから、決断できない。

それは普段からきちんと判断していないからなのだ。

判断とは正誤問題のことで、良識と常識のある大人であれば誰もが満場一致で納得できるような結論を導き出す作業だ。

決断とは、正誤問題で〝正〟と判断された選択肢の中から、あえて一つを選ぶことだ。

判断さえしっかりしていれば、
とんでもない決断をしてしまうということはない。

どれを選んでも正しいのだから。
換言すれば、どれを選んでも間違いはないということだ。
衰退していく組織のリーダーは時間をかけた挙《あ》げ句《く》、
ここで無難な決断をする。
無難な決断とは前例を踏襲《とうしゅう》するということだ。
前例を踏襲しておけば、
いざとなった際に自分の責任にならずに済むからだ。

前例を踏襲し続けると、毎回7掛けで成果が縮小していく。
2回踏襲すると0・7×0・7＝0・49で半減してしまう。
これが何回も続けばどうなるかは、
連日のニュースで流される大企業の倒産劇や大赤字経営で
容易に想像できるはずだ。
人を元気にして組織を活気づけるためには、

合理的でない決断をすることだ。

判断では呆《あき》れるほどに〝正しさ〟を追求すべきだが、
決断では〝楽しさ〟を追求したほうがいい結果を招くことが多い。

なぜなら人間は正しいことより、楽しいことのほうが好きだからだ。
正しいことづくしでは周囲のモチベーションが下がってしまうが、楽しいことづくしなら周囲は黙っていても動くようになる。
合理的でない、無駄と思えることでも楽しければあえてやってみることだ。

No. 47

後戻りできない人生で
悔いを残さないために

楽しく決断する

No. 48

地下鉄をひと駅分歩くと、知力と体力を鍛《きた》えられる。

ある先輩のつぶやき

無駄なことをしないことに気をとられたあまり、いいアイデアにつながる訓練までケチっていたサラリーマン時代の私の師匠は、歩くのが好きだった。
大阪駅から地下鉄でひと駅の場所に会社があったのだが、
一緒に出張した帰りに私が大阪駅から地下鉄で乗り継ごうとすると
よく「歩こう」と言われた。
地下鉄で移動すれば乗車時間は1分なのに歩くと20分かかる。
一見するとこれは無駄な行為だ。
5分や10分でも時間があれば出張経費の精算を終わらせることができるし、
他の仕事に取りかかることもできる。
そして歩くことによって無駄な体力を消耗してしまう。
無駄な体力を消耗するのは、
これから先に詰まっているスケジュールに悪影響を及ぼす可能性も高い。
だが次第に無駄ではないことに気づかされた。

師匠と同じ方向を見ながら会話することによって、
私はレクチャーを受けていたのだ。

出張先でもよく歩かされた。
「ひと駅なら歩こう」と言われて、歩きながらよく打ち合わせをした。
今から思えば歩きながら教わったことや気づかされたことのほうが、
会議室で儀式として打ち合わせをしているよりも遥かに有益だった。
同じ景色を見ながら会話すると本音が出やすくなるし、
お互いの距離が縮まる。
普段なかなか口に出せないことも、歩きながらだと打ち明けやすい。

体を適度に動かしているから血の巡りもよくなり
頭の回転もいい感じになって、優れたアイデアも出やすい。

これはプライベートでも十分に応用が利くはずだ。
相手と親密になりたければカフェで向き合って話をするより、
同じ方向を見ながら並んで歩くことだ。
文字通り前向きな話になるし、
同じ目標に向かって進んでいるムードになる。
これは一人でいる時も同じだ。
歩くことによって、
適度な運動になり自分自身と会話できるのだから。

No. 48

後戻りできない人生で
悔いを残さないために

よく歩く

No.
49

目上の人に会ってもらったら、お礼状を出す。

ある先輩のつぶやき

長幼の序っていうけど、目上の人に礼を尽くすことの大切さは、若いうちにはわからないものだとつくづく思う

私は社会人スタート時から名刺交換した相手には、
お礼状を出すことを習慣としてきた。
お礼状といっても堅苦しいものではなく、
ハガキで簡単にお礼を書くだけだ。
時間は5分もかからないし、手間もかからない。
経験者なら誰でもわかるが、
返事を期待してハガキを書いていると絶望して継続することなんてできない。
私が好きでやっていることだから、淡々と十数年続けてこられたわけだ。
そんな中でふと面白い事実に気づかされた。

20代で「会ってください」と懇願《こんがん》してきた人たちに会ってみると、
会ってあげた私がお礼状を出したのに、
それに対する返事が届けられるのは10人に1人もいないのだ。

本来お礼を言わなければならないのはどちらなのかを考えると、私にとっては非常に興味深い現象だ。

相手からお礼状が届くことは数えるほどしかないから、顔と名前が思い浮かぶくらいだ。

事実をありのまま述べると、

目上の人に会ってもらったらお礼を出す習慣のある人は名門企業の社員や出身者に多かった。

名門企業の社員がすべてそうというわけではない。

私のハガキが相手に届くのと同時に

相手のお礼状も私に届けられる奇特な人は、

名門企業の社員や出身者が圧倒的に多かったということだ。

やはり厳しい入社試験を潜り抜けてきただけあるかもしれない。

名門企業としての誇りがそうさせているのかもしれない。

実際にそうした人たちは、名門企業の中でも卓越した実績を残していたようだ。

ここで大切なのは、他人事《ひとごと》ではなく自分事だ。

自分からお礼状を出すだけで顔と名前が憶《おぼ》えてもらえるというのはチャンスだ。

ハガキを書くのに才能なんて要らないし、時間もかからない。

私が今日まで生きてこられたのは、ハガキのおかげだと断言していい。

No. 49

後戻りできない人生で悔いを残さないために

ハガキ一枚を軽視しない

No.
50

転んだ回数が、あなたの魅力。

ある先輩のつぶやき

挫折は若いうちにたくさん経験しておくほうがいい。
若いうちなら笑い話にすることができる

あなたはこれまでの人生でどれだけ挫折を経験しただろうか。
就活で内定をもらえなかった。
希望とは程遠い会社に入社してしまった。
降格してしまった。
リストラされてしまった。
失恋してしまった。
離婚してしまった。

挫折の特徴は、その時点で本人は世界一不幸だと思っていることだ。

少し冷静になればわかることだが、
世界を見渡すと不幸には上には上がいくらでも存在する。
就活で内定をもらえなかったくらいで「死にたい」なんて、
口に出して言えないような国も多数存在する。

**その時点で挫折と感じたことは、
10年後には忘れるくらいに薄らいでいるし、
20年後には笑い話にできる。**

なぜならその後も挫折はいくらでも経験するし、
挫折のスケールも遥かに大きくなっていくからだ。
挫折への免疫力がついてくるのだ。

あなたがこれから人とお金が集まってくるような存在になりたいのなら、
挫折をどれだけ経験したかで決まる。

挫折をどれだけ笑い話にできるかが、 その人の魅力なのだ。
考えてみて欲しい。

あなたが一緒にいて「楽しい」と感じるのはどんな相手だろう。
「いかに自分は成功者か」を熱く語る人より、
「今はこうだけど、実はこんな失敗をしてきたんだよ」
と面白おかしく話してくれる相手に好感を持つだろう。
挫折を挫折のまま放置していては、暗い人生で終わってしまう。
挫折を乗り越えて、笑い話にできるようにするために成功するのだ。
挫折を笑い話にできる人が、成功者なのだ。

No. 50

後戻りできない人生で
悔いを残さないために

挫折の免疫をつける

おきたい大切な70のこと』
〈総合法令出版〉
『20代のうちに知っておきたい お金のルール38』
〈ソフトバンク クリエイティブ〉
『人生でいちばん差がつく20代に気づいておきたいたった1つのこと』
『本物の自信を手に入れるシンプルな生き方を教えよう。』
〈ダイヤモンド社〉
『出世の教科書』
〈大和書房〉
『稼げる30代になるために絶対に染まってはいけない70の習慣』
『「我慢」と「成功」の法則』
〈宝島社〉
『死ぬまで悔いのない生き方をする45の言葉』
【共著】『20代でやっておきたい50の習慣』
『結局、仕事は気くばり』
『仕事がつらい時 元気になれる100の言葉』
『本を読む人だけがどんな時代も生き抜くことができる』
〈ディスカヴァー・トゥエンティワン〉
『転職1年目の仕事術』
〈徳間書店〉
『一度、手に入れたら一生モノの幸運をつかむ50の習慣』
〈永岡書店〉
『就活で君を光らせる84の言葉』
〈ナナ・コーポレート・コミュニケーション〉
『15歳からはじめる成功哲学』
〈日本実業出版社〉
『「あなたから保険に入りたい」とお客様が殺到する保険代理店』
『社長!この「直言」が聴けますか?』
『こんなコンサルタントが会社をダメにする!』
『20代の勉強力で人生の伸びしろは決まる』
『人生で大切なことは、すべて「書店」で買える。』
『ギリギリまで動けない君の背中を押す言葉』
『あなたが落ちぶれたとき手を差しのべてくれる人は、友人ではない。』
〈日本文芸社〉
『何となく20代を過ごしてしまった人が30代で変わるための100の言葉』
〈ぱる出版〉
『学校で教わらなかった20代の辞書』
『教科書に載っていなかった20代の哲学』
『30代から輝きたい人が、20代で身につけておきたい「大人の流儀」』
『不器用でも愛される「自分ブランド」を磨く50の言葉』
『人生って、それに早く気づいた者勝ちなんだ!』
〈PHP研究所〉
『「その他大勢のダメ社員」にならないために20代で知っておきたい100の言葉』
『もう一度会いたくなる人の仕事術』
『その人脈づくりをやめなさい』
『好きなことだけして生きていけ』
〈マネジメント社〉
『継続的に売れるセールスパーソンの行動特性88』
『存続社長と潰す社長』
『尊敬される保険代理店』
〈三笠書房〉
『「大学時代」自分のために絶対やっておきたいこと』
『人は、恋愛でこそ磨かれる』

千田琢哉 著作リスト （2013年9月現在）

〈アイバス出版〉

『一生トップで駆け抜けつづけるために20代で身につけたい勉強の技法』

『一生イノベーションを起こしつづけるビジネスパーソンになるために20代で身につけたい読書の技法』

〈あさ出版〉

『この悲惨な世の中でくじけないために20代で大切にしたい80のこと』

『30代で逆転する人、失速する人』

『君にはもうそんなことをしている時間は残されていない』

『あの人と一緒にいられる時間はもうそんなに長くない』

〈朝日新聞出版〉

『仕事の答えは、すべて「童話」が教えてくれる。』

〈海竜社〉

『本音でシンプルに生きる!』

『誰よりもたくさん挑み、誰よりもたくさん負けろ!』

〈学研パブリッシング〉

『たった2分で凹みから立ち直る本』

『たった2分で、決断できる。』

『たった2分で、やる気を上げる本。』

『たった2分で、道は開ける。』

『たった2分で、自分を変える本。』

『たった2分で、自分を磨く。』

『たった2分で、夢を叶える本。』

〈かんき出版〉

『死ぬまで仕事に困らないために20代で出逢っておきたい100の言葉』

『人生を最高に楽しむために20代で使ってはいけない100の言葉』

DVD『20代につけておかなければいけない力』

『20代で群れから抜け出すために顰蹙《ひんしゅく》を買っても口にしておきたい100の言葉』

『20代の心構えが奇跡を生む【CD付き】』

〈きこ書房〉

『20代で伸びる人、沈む人』

『伸びる30代は、20代の頃より叱られる』

『仕事で悩んでいるあなたへ 経営コンサルタントから50の回答』

〈技術評論社〉

『顧客が倍増する魔法のハガキ術』

〈KKベストセラーズ〉

『20代　仕事に躓いた時に読む本』

〈廣済堂出版〉

『はじめて部下ができたときに読む本』

『「今」を変えるためにできること』

『「特別な人」と出逢うために』

『「不自由」からの脱出』

〈実務教育出版〉

『ヒツジで終わる習慣、ライオンに変わる決断』

〈秀和システム〉

『将来の希望ゼロでもチカラがみなぎってくる63の気づき』

〈新日本保険新聞社〉

『勝つ保険代理店は、ここが違う!』

〈すばる舎〉

『断れる20代になりなさい!』

『今から、ふたりで「5年後のキミ」について話をしよう。』

『「どうせ変われない」とあなたが思うのは、「ありのままの自分」を受け容れたくないからだ』

〈星海社〉

『「やめること」からはじめなさい』

『「あたりまえ」からはじめなさい』

『「デキるふり」からはじめなさい』

〈青春出版社〉

『リーダーになる前に20代でインストールして

千田琢哉（せんだ・たくや）

文筆家。

愛知県犬山市生まれ、岐阜県各務原市育ち。

東北大学教育学部教育学科卒。日系損害保険会社本部、大手経営コンサルティング会社勤務を経て独立。コンサルティング会社では多くの業種業界における大型プロジェクトのリーダーとして戦略策定からその実行支援に至るまで陣頭指揮を執る。のべ3,300人のエグゼクティブと10,000人を超えるビジネスパーソンたちとの対話によって得た事実とそこで培った知恵を活かし、“タブーへの挑戦で、次代を創る”を自らのミッションとして執筆活動を行っている。

著書は本書で73冊目。

E-mail：info@senda-takuya.com
ホームページ：http://www.senda-takuya.com/

カバーデザイン：E Branch　冨澤崇
カバー写真：MMStudio - Fotolia.com
本文デザイン：matt's work　松好那名
画像提供：© sakura - Fotolia.com／© hikrcn - Fotolia.com／© olly - Fotolia.com／
© naraz - Fotolia.com／© Lsantilli - Fotolia.com

人生《じんせい》って、それに早《はや》く気《き》づいた者《もの》勝《が》ちなんだ！

2013年9月10日　初版発行

著者　千《せん》田《だ》琢《たく》哉《や》
発行者　常塚嘉明
発行所　株式会社 ぱる出版

〒160-0011　東京都新宿区若葉1-9-16
03(3353)2835 — 代表　03(3353)2826 — FAX
03(3353)3679 — 編集
振替　東京 00100-3-131586
印刷・製本　㈱ワコープラネット

ISBN978-4-8272-0813-9 C0034